La pirámide de la influencia

La pirámide de la influencia

24 principios reveladores para influir en los demás y dar un giro a tus ingresos, tus relaciones personales y tu plenitud interior

MIGUEL NAVARRO

alienta
EDITORIAL

Alienta es un sello editorial de Centro de Libros PAPF, SLU.
Av. Diagonal, 662-664
08034 Barcelona
www.planetadelibros.com

Primera edición: febrero de 2024
Depósito legal: B. 1.061-2024
ISBN: 978-84-1344-297-6
Composición: Realización Planeta
Impresión y encuadernación: Gómez Aparicio

Printed in Spain - Impreso en España

Sumario

Introducción

Justo antes de empezar este libro, escribí a las personas más importantes de mi vida. Mi pareja, mi madre, mi padre, mi hermana melliza, a aquellos amigos que siempre están ahí y a las personas que forman mi equipo en las diferentes empresas que dirijo. Les pasé un pequeño cuestionario por WhatsApp con ocho preguntas: sobre mis talentos y logros, sobre cuáles serían las áreas en las que me pedirían consejo, sobre qué les gustaría aprender de mí... y, por supuesto, también les pregunté qué es lo que les interesaba aprender y qué puntos débiles consideraban que tenían que mejorar dentro del campo de la influencia, el liderazgo y la comunicación.

Por un lado, las respuestas fueron extremadamente valiosas. Y bonitas. Me aportaron muchas ideas que vienen recogidas en este libro en forma de propuestas de acción, métodos y herramientas; me confirmaron muchas de las limitaciones que como seres humanos nos autoimponemos a la hora de convertirnos en alguien influyente, y me revelaron nuevos puntos de vista sobre cómo nuestra autopercepción afecta directamente a la capacidad que tenemos de influir en la gente. Además, las respuestas también corroboraron algo que llevo diciendo desde hace muchos años en los cursos de formación que imparto: los seres humanos somos mucho más parecidos de lo que creemos.

Por otro lado, hubo dos respuestas que me apetece compartir directamente contigo, pues, por motivos diferentes, llamaron (mucho) mi atención. Las dos son de personas del equipo de una de mis empresas, Productividad Feroz, una escuela online de hábitos, productividad y lectura rápida. Reconozco que estas dos respuestas han tenido un impacto directo y profundo en las líneas que estás leyendo.

La primera de ellas, para más inri, ni siquiera fue una respuesta «correcta». Es decir, María, que es la persona en cuestión, al enviarle el cuestionario que he mencionado antes, no me respondió ni siquiera a una de las ocho preguntas. No sólo eso, sino que, además, me planteó a mí unas preguntas. ¡Cuatro preguntas! Pero, ostras..., éstas me sorprendieron y me hicieron reflexionar. Sin duda, han hecho que este libro sea distinto de lo que iba a ser. Por eso, quiero compartirlas aquí contigo:

> Miguel, ¿para qué quieres ese libro? ¿Para qué tipo de lector lo vas a escribir? ¿Qué cosas diferentes me va a aportar que no encuentre en ningún otro libro ni formación? ¿Por qué sí o sí me tengo que leer tu libro?

Al ver esta respuesta en mi teléfono, me quedé pensativo y cogí mi iPad para responder las preguntas que me había formulado. Esto es exactamente lo que escribí:

> **¿Para qué quiero ese libro?**
>
> Desde hace varios años, hay dos elementos que me mueven, es decir, hago lo que hago en mi día a día fundamentalmente por dos motivos. En primer lugar, para crecer. Me gusta sentir la sensación de progreso, de avance, de que cada día soy un poco mejor que el día anterior. Y, en segundo lugar,

para contribuir. Creo firmemente que cuando actuamos por algo que va más allá de nosotros mismos, cuando hacemos lo que hacemos por los demás, todo adquiere sentido. Para mí, el verdadero sentido de la vida es dar

Escribo este libro fundamentalmente por estos dos motivos. Primero, porque el mismo hecho de escribirlo me «obliga» (en el buen sentido) a crecer. Llevo más de diez años en el sector educativo, primero estuve en la Universidad de Alicante como profesor durante cuatro años y escribí mi tesis doctoral. Después, empecé a trabajar con una escuela de negocios, con la que he ofrecido casi mil conferencias y decenas y decenas de cursos de varios días. Finalmente, con mis propios negocios de formación llevo impartidas miles de horas, tanto online como presenciales. Escribo un email diario para mi lista de suscriptores y he escrito miles de líneas para mis páginas web, redes sociales..., pero nunca, me había lanzado a escribir un libro. Hasta ahora. Y soy consciente de que todo este proceso será algo que me ayudará, y mucho, a crecer.

Sin embargo, el segundo motivo es el más importante. Con humildad, pero también con la certeza de haber recorrido el camino que conlleva pasar de ser el más tímido de la clase a alguien que inspira diariamente a miles de personas, sé que con este libro voy a ayudarte. Y sí, es tal y como te lo digo. De pequeño era (y de algún modo, lo sigo siendo) un niño muy muy tímido y me costaba relacionarme con mis compañeros de clase. Si ese Miguelito de seis, siete u ocho años viera al Miguel de hoy día, no se lo creería: liderando un equipo de decenas de personas, impartiendo cursos para auditorios repletos, talleres online... Y es que, para ello, he tenido que trabajar, aprender y evolucionar mucho desde la perspectiva del liderazgo y de la influencia. Y sé que, si te vuelco todo ese conocimiento de la manera en la que lo voy a hacer con este libro, sin duda, te va a ser útil.

Por y para eso hago este libro.

¿Para qué tipo de lector es este libro?

Una de las máximas que defiendo en todas y cada una de mis charlas es que todo el mundo tiene derecho a una vida extraordinaria a todos los niveles. Esto puede sonar un poco soñador, así que voy a cambiar alguna palabra: todo el mundo tiene la capacidad de crear una vida extraordinaria.

Lo que quiero decir es que, pese a las circunstancias adversas, pese a nuestras condiciones iniciales (familia, contexto económico, entorno...), refiriéndome al menos a la sociedad occidental, cualquier persona puede generar unos resultados muy altos en cualquier faceta de su vida. También en las relaciones.

Entonces..., ¿para quién es este libro? Según lo anterior, podría ser para todo el mundo, pero no, evidentemente no es así. Este libro es sólo para aquéllos que realmente sienten dentro de ellos que quieren esa vida extraordinaria a nivel de relaciones. Que, aunque hasta ahora quizá no hayan sabido cómo influir adecuadamente en los demás, creen que está a su alcance poder aprenderlo. Personas que, además, saben la vital importancia que tiene establecer relaciones auténticas, poder comunicar lo que uno siente, empatizar con los demás, comprender, conectar.

Este libro es para todas aquellas personas que, de un modo u otro, han sufrido por conflictos, malentendidos o discusiones. Para todas esas personas que saben que tienen un brillo dentro y que entienden que las personas de su alrededor también lo tienen en su interior. Este libro está dirigido a personas inconformistas que lo quieren todo: más dinero, mejores relaciones, más plenitud... Y que comprenden que todo eso no se puede lograr solos, que para conseguirlo hay que dominar el arte de la influencia. Pero, sobre todo, este libro está escrito para todos los lectores que confían en un mundo mejor, donde las relaciones entre los seres humanos sean transparentes y honestas, porque sólo a partir de relaciones así es como conseguiremos disminuir el odio y fomentar el amor, en toda su extensión.

¿Qué cosas diferentes voy a aportar que no encuentre en ningún otro libro ni curso de formación?

He leído mucho. En los últimos cinco años, cientos de libros. Sobre liderazgo, concretamente, bastante, puede que más de doscientos libros, pues es una de mis disciplinas favoritas, y muchos de ellos han sido fantásticos y me han aportado mucho.

También me he formado bastante. He asistido a decenas de cursos sobre liderazgo, en Europa y en Estados Unidos, en los que he invertido decenas de miles de euros. Y, gracias a ellos, he crecido notablemente. Desde aquí agradezco a todos y a cada uno de los autores, formadores y maestros que he tenido.

También, por supuesto, he aprendido mucho en mi vida cotidiana. He tenido maestros en forma de jefes que me intentaron anular como persona, parejas con las que he sufrido el dolor emocional, empleados con los que he comprobado que la vida te pone a prueba constantemente. Doy las gracias a todos ellos, porque me han llevado a crear algo único que no he encontrado hasta ahora en ningún libro ni curso.

Lo que te voy a aportar diferente en este libro es un método integral para que saques a relucir toda tu capacidad de influencia. Un paso a paso, desde el principio y hasta el final. No voy a tratar únicamente elementos aislados, como sólo el autoconocimiento, sólo las relaciones o sólo la comunicación en público... No. La influencia no se puede aprender a trozos. Sólo se puede alcanzar si incluyes todo el proceso, todas sus vertientes, todos sus ámbitos.

Por eso, este libro es diferente a cualquier otro: porque te presento un método al completo, con todas sus fases, para que pases de cero a cien en el camino de la influencia y para que tengas todas las herramientas necesarias, primero, mirando hacia tu interior y, después, con la vista puesta en las personas que te rodean, para que gracias a tu capacidad de influencia generes las oportunidades que quieras en tu día a día personal y profesional.

¿Por qué sí o sí te tienes que leer este libro?

Debo confesar que soy de esas personas que creen que todo pasa por una razón, aunque ésta no tenga explicación lógica. Y es curioso que yo escriba esto... Y, por eso, creo que no es precisamente fruto del azar que estés leyendo este libro. Que esté ahora en tus manos tiene que ver con que hay algo dentro de ti que te llama a progresar.

Querido lector, si estás leyendo estas líneas es porque en lo más profundo de ti sientes que puedes llegar a más: más abundancia económica, mejores conexiones personales y, sobre todo, mayor plenitud. Y sabes también que todo eso no puedes lograrlo solo, que para conseguirlo necesitas saber relacionarte de forma auténtica, influyendo en los demás de manera honesta, liderando, siendo ejemplo, inspirando. Y estás a sólo unas líneas de descubrir el paso a paso para aprender cómo hacerlo.

¿Por qué seguir leyendo? Porque estás cerca, muy cerca. Para generar cambios en cualquier área, necesitas dos elementos: el primero de ellos es la intención, el deseo, las ganas, el hambre, y, el segundo, el conocimiento específico, las herramientas, las técnicas. Ya tienes la intención y, con este libro, vas a conseguir las herramientas que necesitas para desarrollar al máximo tu capacidad de influencia en los demás.

En mis diferentes programas formativos he tenido miles y miles de alumnos. Destacan sobre mí varias cosas, pero hay un elemento en común: que todo lo que hago lo transmito de una forma cien por cien práctica. Directa. Al grano. Sin rodeos. Sin paja. Sin teorías. Léete este libro para tener la mejor información disponible en habla hispana, estructurada al milímetro, para convertirte en alguien realmente influyente.

Esto fue lo que escribí cuando María me respondió a mi cuestionario. Siempre me fijo estándares altos, pero con estas preguntas reconozco que mi nivel de compromiso con este proyecto se elevó. Ya no quería escribir un libro sobre influencia, sino que tomé la decisión de escribir *el libro* sobre influencia, pero, como te decía unas líneas atrás, hubo una segunda respuesta que también quería compartir contigo.

Esta segunda respuesta fue de Clara, una persona muy importante en mi vida. Clara es directiva en Productividad Feroz, pero, por encima de eso, es mi amiga. Y, además de responderme de forma muy útil a las ocho preguntas que le planteé, añadió un pequeño texto al final. Al leerlo, me emocioné. Sus palabras me conectaron con el porqué hago lo que hago, con mi niñez, con mis miedos, con mis logros, con mis dudas y con mis progresos:

> Añadiría que nunca pierdas tu esencia. Esa inocencia y esa sinceridad que transmite tu mirada (como la de la foto de tu perfil de WhatsApp). Eso es lo que te define, desde mi humilde opinión. A ver si sé describirlo...
>
> Es la mirada de una persona que lucha por superar sus limitaciones, que le echa narices a la vida, que sufre en ocasiones por lo que hacen los demás, con miedo al rechazo, que se echa la vida a la espalda y sigue adelante a pesar de todo, pero que, en su corazón, sabe que la vida es un regalo, que se siente bendecido y que confía en que siempre pasa lo mejor.
>
> Que sueña con un mundo lleno de gente feliz y lleno de amor.
>
> Uf, creo que me veo muy reflejada en ti. Me haces un espejo muy, muy positivo, porque me identifico contigo en muchas cosas (salvando las distancias), pero creo que tenemos sueños muy parecidos.

Desde entonces y hasta hoy, he vuelto a releer este texto varias veces. Porque, efectivamente, es así. Mi miedo al rechazo me ha hecho sufrir. Mi timidez me ha bloqueado en varios momentos de mi vida. Pero siempre le he echado narices. Siempre he seguido adelante. Hace un tiempo decidí confiar en la vida y mi vida se volvió extraordinaria.

Te cuento esto al principio del libro porque quiero que sepas que no soy nadie especial. O sea, no tengo ningún superpoder que tú no tengas. No soy diferente a ti. Soy un ser humano con miedos, con dudas... Un ser humano que sufre también, como te pasa a ti. Que tiene días buenos, muchos, pero también días malos. Que se preocupa cuando las cosas no van como uno espera. Que mira hacia el futuro y, a veces, siente la incertidumbre de no saber qué pasará. Soy como tú, querido lector.

Soy todo eso, pero también soy alguien que no se rinde. Nunca. Alguien que confía en el trabajo duro, en que cuando uno se esfuerza, los resultados acaban llegando. No creo en las fórmulas mágicas, sino en la constancia. No creo en la inspiración, sino en el aprendizaje diario. No creo en la suerte, sino en el poder de la acción masiva. Soy inconformista, apasionado, ambicioso. Me ilusiona la vida. Lo doy todo en cada cosa que hago. Me encanta trabajar, me encanta compartir, me encanta vivir. Me siento afortunado por poder inspirar a tanta gente. Por poder enseñar lo que a mí me funciona. Por poder ayudar a mejorar la vida de miles de personas. No soy diferente a ti. Soy simplemente un chaval con un sueño, que sabe de su potencial y que sabe de tu potencial.

Quizá no nos conozcamos todavía, pero sé una cosa sobre ti: confío más en ti de lo que tú confías en ti mismo.

Te acompaño en tu viaje para multiplicar tu influencia. ¡Vamos allá!

Cómo leer y aplicar este libro a tu vida

6 capítulos.

24 principios.

144 creencias limitantes que destruir.

144 nuevas creencias para implantar.

144 preguntas poderosas para que reflexiones.

Y 144 pepitas de oro para que las apliques en tu día a día.

Todo esto es lo que estás a punto de llevarte en este libro.

Quienes me conocen saben que soy una persona estructurada. Nada obsesivo. Simplemente por productividad y eficacia mental. Cuando me puse a escribir este libro, no quería hacer un libro cualquiera. Tampoco me bastaba con incluir la información más relevante para que incrementes tu capacidad de influencia. Ni tan siquiera que fuese eminentemente práctico.

No. Quería algo más. Me propuse escribir un libro que disfrutaras leyéndolo de un tirón pero que también pudieras ir directamente a ese punto del índice que te haya llamado la atención. Me propuse hacer un libro que no sólo te enseñara liderazgo e influencia, sino que además te hiciera estallar la cabeza y cambiara tu mentalidad. Y me propuse hacer un libro con el paso a paso para que no sólo aprendas, sino para que te pongas en acción.

Y por eso el libro tiene la siguiente estructura, te la explico en detalle. Además, de la introducción, donde he volcado mis motivaciones para escribir el libro —y este apartado que estás leyendo ahora, donde te explico cómo leerlo—, he organizado el contenido en seis capítulos (y una sección extra, sólo para inconformistas, que te cuento más adelante).

En el primer capítulo, **«Ahora más que nunca, la influencia es tu superpoder»**, quiero que seas consciente de la importancia de que dediques tiempo y esfuerzo a mejorar tu habilidad para influir.

Estamos en un momento bastante peculiar de la historia por dos razones. En primer lugar, por el contexto económico, social, tecnológico e incluso psicológico actual, donde las reglas no sólo han cambiado, sino que siguen cambiando día tras día. La tecnología, la inteligencia artificial y la velocidad de transformación del mundo ha cambiado, y seguirá cambiando cada vez más rápido. Para sobreponerse a ello, la única respuesta es el crecimiento interior y, dentro de éste, la capacidad para primero liderarse a uno mismo y después influir en el resto de las personas, tanto a nivel personal como a nivel profesional.

Y, en segundo lugar, estamos en la era de la «crisis de la felicidad». Tenemos más «de todo» que nunca, pero también tenemos las tasas de infelicidad más altas de la historia. Y, obviamente, la respuesta a esto está siempre dentro de nosotros. En este contexto tan exigente, nuestros deseos como seres humanos siguen intactos: dinero, relaciones y plenitud interior. Y el vehículo para conseguir esos tres resultados es sacar a relucir nuestra capacidad de influencia. Siempre has tenido esa capacidad dentro de ti, hasta el momento escondida, pero ya es hora de sacarla a relucir. Para ello, en este capítulo te enseñaré qué es la pirámide de la influencia.

En el segundo capítulo, **«Tú eres la persona más importante de tu vida»**, empezaremos el recorrido para maximizar tu capacidad de influencia desde la base: tu propio liderazgo. No me cabe duda de que es imposible influir en los demás si primero no eres capaz de influir en ti mismo. Es imposible liderar a los demás si no eres capaz de liderarte a ti primero. Para comenzar a cambiar tu mundo exterior, en este caso el de tus relaciones, en primer lugar debes cambiar tu mundo interior. Aquí te presentaré las bases para ese cambio desde dentro hacia afuera. ¿Cómo piensa una persona influyente? ¿Qué mentalidad tiene? ¿Cuáles son sus emociones? ¿Cómo las gestiona? ¿Cómo afronta el miedo? ¿Qué perspectiva tiene ante la vida? Todas estas preguntas son las que te responderé en este capítulo para que tus cimientos en el camino de la influencia sean fuertes y duraderos.

En el tercer capítulo, **«Cómo ser un imán para los demás»**, damos el siguiente salto. Tras dominar nuestro interior, pasamos al juego de las relaciones uno a uno. Nuestra calidad de vida depende de la calidad de nuestras relaciones. Y aquí todos tenemos que enfrentar una serie de retos: aumentar el magnetismo personal (cómo convertirnos en una persona más atractiva; no, no me estoy refiriendo al atractivo físico, sino a otro tipo de atractivo que es mucho, mucho más poderoso), afrontar, gestionar y dominar las conversaciones difíciles (para avanzar en la vida, necesitamos constantemente atrevernos a tener esas conversaciones cruciales que desbloquean situaciones incómodas), ser la persona vitamina de nuestro entorno (en un contexto de queja permanente, podemos convertirnos en esa guía, en ese faro, en ese ejemplo para nuestro entorno personal y profesional) y entender las discrepancias e incluso los conflictos como una herramienta de crecimiento interior (sólo podemos progresar interiormente a través de aquello que nos genera dolor emocional).

En el cuarto capítulo, «**Grupos: cuando dos más dos suman diez**», te hablaré del siguiente nivel. Una persona influyente domina el uno a uno, pero también domina el liderazgo de grupos. Constantemente hacemos cosas en grupos: familias, equipos de trabajo, departamentos, equipos deportivos, grupos de amigos... ¿Qué es lo que hace que un grupo funcione a la perfección, rodado, como si fuese un único ente? ¿Cuáles son las claves para no sólo sumar, sino multiplicar? ¿Cómo gestionar las crisis en las organizaciones? ¿Cómo liderar sin prácticamente hacer nada, para que el grupo funcione en piloto automático gracias a la fuerza de cada uno de los miembros? Aquí te desvelaré los secretos del liderazgo de los equipos de alto rendimiento.

En el quinto capítulo, **«Hablar en público: cómo se transforman los corazones»**, voy a trabajar contigo el mayor miedo que tienen los seres humanos, después del miedo a la muerte: el miedo a hablar en público. Entenderás que hablar en público supone «simplemente» un miedo superficial: el verdadero miedo al que cualquier ser humano se enfrenta permanentemente es el miedo a no ser amado. Te explicaré a nivel biológico por qué sucede esto y cómo lo puedes gestionar incluso a tu favor. Porque, atención: la mayor habilidad para influir en los demás es la capacidad para seducir, enamorar y hacerte inolvidable en la mente de los demás gracias a tu comunicación en público. Ojo, y no sólo eso: es la habilidad mejor pagada del mundo. Te contaré cómo rentabilizarla.

Y en el sexto capítulo, **«Deja de leer y ponte en acción»**, te facilitaré una lista de mis mejores trucos de productividad para que pongas en acción todo lo que te cuento en el libro. De nada me sirve, y a ti tampoco, que adquieras conocimiento y luego no lo apliques. Por ese motivo, (casi) cerramos el libro con el paso a paso para que te comprometas de manera férrea a actuar y te pongas manos a la obra. Te avisaré de los principales obstáculos a los que te enfrentarás y te diré cómo anticiparte a ellos. Te guiaré para que elimines cualquier indicio de pereza o resistencia. Y te marcaré el camino para que, por fin, consigas tu ansiada plenitud interior.

El primer capítulo, por tanto, sirve de introducción a la disciplina de la influencia, mientras que el sexto sirve de cierre para que te enfoques en la parte práctica. Y en los capítulos restantes —segundo, tercero, cuarto y quinto— te presento el grueso del contenido. Cuatro capítulos para cada uno de los cuatro pasos de la pirámide de la influencia.

Con el objetivo de que sea fácil de leer, de sintetizar y de aplicar, he dividido cada uno de estos cuatro capítulos en seis principios. Y, a su vez, cada uno de estos principios, los he dividido en:

- **Contexto y significado de esta regla**: aquí te expongo la filosofía y la metodología de cada uno de los 24 principios de los que consta el libro. Se trata de la explicación detallada de toda mi filosofía sobre influencia y liderazgo, con ejemplos, frases y estrategias para lograr tu transformación.
- **Creencias limitantes que sustituir y nuevas creencias que implantar**: no hay cambio real sin un cambio de creencias. Para cada uno de los principios he incluido las seis creencias limitantes más relevantes que pueden impedirte que apliques el contenido que comparto contigo en cada principio en tu día a día, y también he incluido las seis creencias nuevas que implantar para que sustituyan a las limitantes. De esta forma, podrás reprogramar fácilmente tu mente para convertirte en alguien mucho más influyente.
- **Preguntas poderosas para que reflexiones**: esta herramienta provoca introspección, reflexión y cambio.

Si quieres una vida mejor, empieza por hacerte mejores preguntas. Para cada principio, he redactado seis preguntas poderosas que tienen como objetivo modificar tu enfoque para aumentar tu capacidad para influir y liderar y para que puedas vencer las limitaciones que vayan apareciendo.

- **Pepitas de oro para que las apliques en tu día a día**: Como dicen mis alumnos: «Los cursos de formación de Miguel Navarro no serían lo mismo sin sus pepitas de oro». Y, en mi primer libro, no pueden faltar. ¿Qué son las pepitas de oro? Son los *tips* más prácticos, más concretos, para que nada te frene, para que apliques en tu vida diaria cada principio, para que no te cueste esfuerzo y para que te centres únicamente en lo importante. Con estas pepitas de oro tendrás un conjunto de seis técnicas adicionales para cada principio que te ayudarán a garantizar tu éxito en el reto de convertirte en una persona influyente.

¿Cómo leer y aplicar este libro? Puedes leerlo del inicio al fin de forma continua o puedes también ir saltando a los principios que te parezcan más interesantes o que tengas más urgencia por aprender. Eso sí, antes de empezar, sí que te recomiendo que leas el primer capítulo para que comprendas la relevancia de entrenar tu influencia. Y, por supuesto, lo importante es que, principio tras principio, concepto tras concepto, te pongas en marcha y actúes. Para ello, tienes el sexto capítulo, donde te explico, como te he indicado antes, las mejores técnicas para que actúes de forma masiva.

Por último, para terminar el libro, hay una sección extra que he titulado **«Un paso más: sólo para inconformistas»** y que encontrarás al final del libro. Pero sólo te recomiendo leerla si eres una persona que realmente quiere más. Más de todo. Más dinero. Más tiempo. Mejores relaciones. Más vitalidad. Más plenitud. Más, más, más. Si es tu caso, ahí tengo una propuesta para ti. Porque si eres inconformista, esto no ha hecho nada más que empezar.

Tres, dos, uno...

1

Ahora más que nunca, la influencia es tu superpoder

1.1. Anticípate: el mundo ha cambiado

El mundo va rápido. Muy rápido. Cada vez más. Si echas la vista atrás, puede dar hasta vértigo. Ya casi ni nos acordamos de una pandemia que terminó oficialmente hace pocos meses y la inteligencia artificial está cambiando con tal celeridad que genera futuros potenciales segundo a segundo. Gran parte de los puestos de trabajo que hoy conocemos están en riesgo y todo está evolucionando a una velocidad de vértigo.

Lo único que permanece es el cambio. Un cambio que va a más. Esto genera mucho estrés en nuestro cerebro primitivo, diseñado para sobrevivir. Sin embargo, nosotros no estamos aquí para sobrevivir. Te animo a que cambies el chip desde las primeras páginas de este libro. Elige *supervivir*, no sobrevivir.

Pero, ojo, para *supervivir*, es decir, para vivir la vida al máximo, generar grandes resultados en todos los ámbitos y además sentirte pleno durante todo el proceso, hay que empezar a hacer las cosas diferente. Ya no sirve lo que funcionaba hace cinco o diez años. Ahora las reglas son otras. Son más exigentes. Y sólo unos pocos sabrán jugar al juego de la vida como toca.

Debemos aprender a enfrentarnos a los cisnes negros, esos eventos inesperados que cambian por completo las reglas del juego, que han llegado, llegan y llegarán. No sólo la pandemia y la inteligencia artificial: guerras, nuevas enfermedades, nuevas profesiones... Todo esto a nivel global, pero ¿y a título individual? Un despido, una traición, un problema de salud inesperado, la pérdida de sentido de la vida, una depresión repentina, la muerte de un familiar, un súbito tropiezo económico... Esto también son cisnes negros. ¿Alguien te ha enseñado a afrontarlos?[1]

La respuesta es no. Y no, no se pueden evitar. Llegan de repente. Pero lo que sí que puedes hacer es prepararte. Anticiparte. Entrenar tus habilidades. Ser un 1 por ciento mejor cada día para que, cuando llegue, que llegará, estés más preparado que nunca y tengas la fortaleza y la capacidad necesarias para enfrentarte a ese desafío e incluso para trascender a él. Eso te convertirá en alguien no sólo más fuerte, sino especialmente más «antifrágil». Alguien que se crece en los momentos difíciles.[2]

Hay muchas habilidades que puedes empezar a entrenar hoy para ser más antifrágil: detectar patrones de comportamiento, gestionar la incertidumbre, dejar ir el miedo..., pero, sobre todo, por encima de todas las demás, la habilidad número uno para los tiempos actuales y futuros es la habilidad de influencia.

Gestionar internamente tus emociones, aprender a liderarte, generar relaciones auténticas y a largo plazo, liderar equipos, impulsar organizaciones, inspirar e impactar la vida de los demás... Eso es influencia. Nada más y nada menos.

Y vuelvo a enlazar con el concepto de «supervivir». No se trata sólo de transitar cualquier cisne negro. No se trata

1. Taleb, Nassim Nicholas, *El cisne negro*, Paidós, Barcelona, 2011.
2. Taleb, Nassim Nicholas, *Antifrágil*, Paidós, Barcelona, 2013.

tampoco únicamente de cumplir objetivos profesionales. En pleno siglo XXI, ya no queremos relaciones planas. La conciencia global se ha elevado. Estamos aquí también para aprender a relacionarnos de forma diferente, para generar interacciones puras y reales con nuestro entorno. Ya no nos conformamos con relaciones planas. En el ámbito familiar, de amistad y profesional estás deseando vivir relaciones increíbles. Y eso también es influencia.

1.2. Menos felices, más victimistas

> Los tiempos difíciles crean seres humanos fuertes, los seres humanos fuertes crean tiempos fáciles, los tiempos fáciles crean seres humanos débiles y los seres humanos débiles crean tiempos difíciles.
>
> G. Michael Hopf, militar y escritor

Estamos en un momento de la historia en el que la sociedad es claramente débil. Este victimismo, que implica una falta de responsabilidad hacia aquello que nos sucede personal y profesionalmente, desemboca en una infelicidad crónica, que deriva de la creencia de que nos tenemos que conformar con la vida que nos ha tocado, en la que prácticamente no tenemos margen de maniobra.

La mayor parte de personas viven en lo que llamo «el bosque». Un bosque denso y oscuro, donde no entra la luz, donde es común echarle la culpa a los demás: a tu jefe, a tu pareja, a tu socio, al gobierno... Sí, responsabilizas a todo el mundo menos a ti, cuando, en realidad, tú eres el creador de tu vida. Este bosque es un lugar cómodo, pero a su vez incómodo. Cómodo porque como nada tiene que ver contigo, te sientes en parte relajado, pero también incómodo, porque no obtienes ninguno de los resultados que quieres de la vida.

Si estás leyendo este libro, estoy convencido de que es porque quieres más. Más de la vida. Más de todo. Más dinero, más tiempo libre, más energía, más salud, más y mejores relaciones... ¡Lo quieres todo! Como yo. Pero, ojo, quererlo no te hace diferente al resto. Todo el mundo quiere más. Si lo preguntáramos a un grupo de personas, todas levantarían la mano. Y es que levantar la mano es muy fácil. Ahora bien, hacer lo que hay que hacer, eso ya es más difícil y nos exige muchas cosas.

Lo primero que debes hacer si realmente quieres más en tu vida es tomar el control. Tendrás que reconocer que estás donde estás debido a ti y no a factores externos, y que, por tanto, llegar adonde quieres llegar también depende de ti y no de factores externos. Sin culpa, pero con responsabilidad. Sin tortura emocional, sino con empoderamiento y acción.

Ésta es una decisión difícil, que muy pocas personas deciden tomar, pero es un requisito fundamental para la influencia, pues, para liderar a los demás, primero debes liderar tu vida. No desde el victimismo, sino desde la creación, la autonomía, el dominio y la victoria. Ése es el primer paso.

Esto no significa que todo saldrá bien. No. El camino será duro, muy duro. Habrá momentos en los que pensarás en renunciar, en abandonar, en decir hasta aquí. Y ahí será decisivo tu carácter, el que hayas forjado hasta ese momento y el que quieres forjar. ¿Abandonarás a la primera de cambio? ¿Te rendirás? ¿Dónde vas a situar tu nivel de responsabilidad? ¿Qué tamaño tendrá el obstáculo que te detenga? ¿Tienes el compromiso real de ir desde el principio al cien por cien con todo?

La influencia real requiere que tomes las riendas por completo de tu futuro. Que salgas ya del bosque. Que dejes de ser una víctima. Que te conviertas en un creador. Reacciona. Despierta. Huye de la normalidad. Estás muy cerca de la vida que sueñas, pero tienes que responsabilizarte de todo, absolutamente todo lo que haces.

1.3. Tanto si crees como si no crees, tienes razón

Hemos llegado a un punto en el que aquél que piensa en grande es tratado como poco realista, iluso e incluso se le llega a ridiculizar. Nos hemos acostumbrado a generalizar y normalizar una vida común, cuando más que común podría llamarse mediocre. Se comparten y se aplauden mensajes tan poco constructivos como «pensar en grande me viene grande». Ya es hora de empezar a cambiar.

Y lo decía Henry Ford: «Tanto si crees que puedes, como si crees que no puedes, estás en lo cierto». Quizá hasta ahora no fueras consciente del poder de tu mente, de cómo tu percepción de la realidad está condicionándote. Porque ahí está la clave: la única manera de mejorar tu vida, de lograr tener más dinero, mejores relaciones y una mayor plenitud, no es cambiar la realidad, sino cambiar tu percepción sobre la realidad.

Antes de adentrarnos en la metodología para potenciar tu capacidad de influencia, necesitas interiorizar algo muy importante: para construir una vida extraordinaria en el medio y largo plazo es esencial que modifiques tu sistema de pensamiento. Para poder influir en la vida de los demás, primero tienes que aprender a influir en tus propios procesos mentales.

No estás viendo la realidad. Estás viendo una grabación editada de la realidad. De hecho, se ha comprobado que tu cerebro tarda en procesar una diezmilésima parte de segundo lo que sucede y, por tanto, lo que ves es una grabación editada de la realidad, editada por tus creencias, por tus filtros, por tus propias percepciones.

¿Cuál es tu forma de ver el mundo? ¿Qué opinas sobre las relaciones? ¿Qué opinas sobre las personas? ¿Y sobre el éxito? ¿Sobre el dinero? ¿Sobre la plenitud? Todas estas opiniones están condicionando, y mucho, tu percepción sobre la realidad. Y aquí seré muy claro: puestos a distorsionar la realidad, yo elijo distorsionarla a mi favor.

En tu cerebro, tu sistema de activación reticular se está encargando de filtrar todos los estímulos que recibes a través de los sentidos. Este conjunto de neuronas nos permite procesar la información que captan nuestros sentidos y enviar sólo una parte de ella a nuestro centro de atención, donde sí tenemos una conciencia plena de lo que percibimos. Entonces, ¿cómo son tus filtros? ¿Qué tipo de información te está llegando? ¿Es un condicionamiento que te ayuda o que te limita? Siento advertirte que, para la mayor parte de personas, se trata de un condicionamiento muy, muy limitante.

Y aquí es cuando debes tomar otra decisión: ¿vas a cultivar tu mente con pensamientos positivos o negativos? No me refiero a que de repente empieces a compartir en tu Instagram frases de Mr. Wonderful. No, no me he vuelto loco. Me refiero a que tu predisposición al cambio, tu gestión de la incertidumbre y tu tránsito por los fracasos, que llegarán, sean óptimos.

Empieza a cuidar tu autoimagen, comienza a dominar tu enfoque y empieza a creer en que sí que es posible alcanzar esa vida soñada. Mucha gente, y más próxima de lo que te gustaría, te dirá que renuncies, que no llegarás o no puedes lograrlo, pero persiste, aguanta, continúa. Requerirá esfuerzo, sudor, lágrimas, dudas..., pero te aseguro que valdrá, y mucho, la alegría.

1.4. La pirámide de la influencia

Estamos de acuerdo entonces: lo quieres todo. Más ingresos, mejores relaciones y la ansiada plenitud interior. Veamos ahora el camino para lograrlo. Y sí, requiere un vehículo. Un vehículo que, en estos tiempos convulsos, no es otro que tu capacidad para influir en los demás.

¿Qué es la influencia? Podríamos definir el concepto de muchas maneras. Una de ellas, mi favorita, dice que la influencia es la capacidad de sacar lo mejor de ti y, también, lo mejor de los demás. Quiero y deseo que te conviertas en una persona todavía más extraordinaria y que seas el catalizador para que tu entorno personal y profesional también sean aún más extraordinarios.

Y, como todo en la vida, hay un método, hay un paso a paso. La influencia tiene cuatro pasos, cuatro fases o cuatro escalones, que se muestran en la siguiente pirámide. Querido lector, te presento, por fin, la pirámide de la influencia:

La pirámide de la influencia

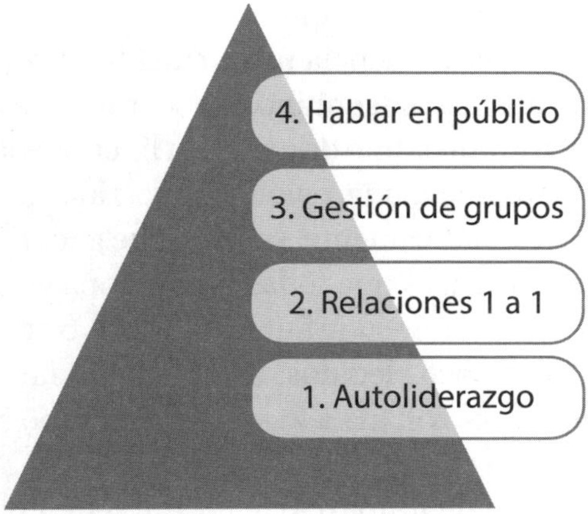

Fuente: Elaboración propia.

Todo comienza en ti. Paso número uno: tu autoliderazgo. Primero debes ser capaz de dominar tu pensamiento, gestionar tus emociones, modelar tu comportamiento y ser capaz de sacar todo el potencial ilimitado que llevas dentro.

Después, llega el momento de aprender a sacar lo mejor de cada persona. Paso número dos: las relaciones uno a uno. Conectar de forma real, resolver conflictos, ser inspiración y vivir las relaciones de forma genuina, sacando lo mejor de cada persona con la que te cruces.

En tercer lugar, dominar los equipos. Paso número tres: los grupos. Liderar, desde la admiración y no desde el miedo. Dirigir, pero sin mandar. Ser un referente, pero desde la humildad. Que todo el mundo quiera estar contigo por cómo eres y no por el puesto que ocupas.

Y, por último, enamorar a la audiencia. Paso número cuatro: hablar en público. Sobresalir e influir al máximo nivel. Ser alguien inolvidable. Que hablen de ti. Que te recuerden. Que deseen volver a escucharte.

Éste es el proceso. Éste es el paso a paso. Un camino que, además, es escalonado. No puedes saltarte un nivel. La verdadera influencia requiere el aprendizaje, la práctica y la experiencia en los cuatro escalones.

La influencia es la esencia misma del liderazgo, el factor determinante de un líder genuino. No se trata de estatus, títulos ni poder jerárquico, sino de cómo un líder puede movilizar y motivar a otros hacia una visión compartida. La influencia no se otorga automáticamente, se tiene que ganar.

La buena noticia es que todas las personas tienen el potencial para desarrollar su influencia. No se trata de un don reservado a unos poco elegidos. Es una habilidad que puede ser cultivada y desarrollada a lo largo del tiempo con esfuerzo y dedicación.

Estás a punto de embarcarte en un viaje apasionante. Conocer, practicar y dominar la pirámide de la influencia llevará tu carrera profesional a otro nivel y hará que tu vida personal se transforme por completo. Te permitirá multiplicar tus resultados en todas las áreas de tu vida. Pero, sobre todo, hará que conectes con tu verdadero yo, ese yo genuino, auténtico y real. Te guío, con todo mi cariño, en el viaje por esta pirámide.

Liderazgo al oído

Para profundizar aún más en los contenidos de este capítulo, he grabado un audio muy potente para ti:

Capítulo 1: Cómo pasé de ganar 315 €/mes en 2013 a más de 200.000 €/mes en 2023

Para poder acceder al audio, sólo tienes que escanear este código QR o entrar en la siguiente dirección web:

<www.influenciadeimpacto.es/audios-piramide>

2

Tú eres la persona más importante de tu vida

El primer escalón de la pirámide de la influencia es el autoliderazgo. Y este escalón constituye la base porque, sino eres capaz de liderarte a ti, no podrás liderar a nadie.

La mayor parte de personas quiere empezar la casa por el tejado. Buscan cursos de comunicación en público, quieren aprender a liderar grupos... Pero ojo, sin unos cimientos sólidos, todo ese esfuerzo será tiempo perdido. El primer objetivo en cualquier proceso de desarrollo de tu influencia debe ser aprender a influirte mejor a ti mismo.

¿Cuánto te quieres? ¿Hasta qué punto eres capaz de condicionarte positivamente? ¿Cómo gestionas las emociones? ¿Y los fracasos? ¿Asumes tu responsabilidad o sueles desentenderte y quejarte de las consecuencias? ¿Tienes claro adónde quieres llegar? ¿Cuál es tu nivel de compromiso con la vida que deseas? Estas preguntas te permitirán evaluar tu grado de autoinfluencia y hasta qué punto eres capaz de liderar tu propia vida actual. Esto es lo que trabajaremos en este capítulo, donde entenderás qué necesitas para, en primer lugar, tomar las riendas de tu propia vida.

Hace ya unos años, tuve uno de esos momentos vitales que te cambia la vida y, por tanto, tu futuro. Estaba atravesando una situación de salud complicada, que me había llevado también a unas circunstancias psicológicas que nunca había experimentado y recuerdo que me encontraba realizando un curso de formación en Tenerife, en este caso como alumno. Era final de verano y, durante los meses de julio y agosto, había arrastrado la peor infección estomacal de mi vida, una infección que me había hecho perder casi 15 kilos.

Durante una tarde, me empecé a encontrar bastante mal. Tuve que abandonar mi silla, irme al final de la sala y acostarme en el suelo. Como podía, iba siguiendo las explicaciones. Hasta que llegó un momento en que no pude más. El malestar iba en aumento y, aunque no me quería perder nada de lo que estaba escuchando, mi atención ya era prácticamente nula, así que decidí subir a mi habitación para descansar.

A las dos horas, me desperté. Tras un sueño muy profundo, de ésos que cuando te despiertas casi no recuerdas ni quién eres ni dónde estás, tomé consciencia nuevamente de mi situación. De lo infernal que estaba siendo ese verano no sólo emocionalmente, sino también para mi salud. Dormir un rato me había venido bien. Me sentía algo mejor. Así que me puse en pie y me quedé mirándome fijamente en el espejo de la habitación. Me acerqué, porque no me reconocía. Esos casi 15 kilos que había perdido me habían dejado con un aspecto bastante maltrecho. Y, sin que lo pudiera controlar, me invadió una sensación de tristeza, de decepción y de fracaso.

Fijé la mirada en mis ojos. Creo que nunca me había mirado así. Tan intensamente. Tan de cerca. Tan de verdad. Fue muy bonito reencontrarme con mi mirada, y fue revelador. Mágico. Empecé a llorar. Pero no era de tristeza, era de felicidad. Porque vi en esa mirada que, hasta ese momento, me había olvidado de mí.

En los últimos años había puesto el foco en lo de fuera y había obviado lo más importante. Así que ese día tomé la mejor decisión de mi vida: me iba a elegir como prioridad.

Me iba a convertir en la persona más importante de mi vida. Porque el camino hacia la verdadera influencia comienza en uno mismo.

2.1. Principio 1: Una vida cómoda, resultados incómodos

> La vida que quieres vivir está detrás del precio que no quieres pagar.

Contexto y significado de esta regla

En agosto de 2018 viajé a Estados Unidos, concretamente a Las Vegas, para realizar un curso de formación de negocios con Tony Robbins. Fueron cinco días muy intensos, desde bien temprano hasta ya entrada la madrugada. Cinco días de estrategias empresariales, técnicas de venta, invitados muy inspiradores..., pero hubo una frase que valió más que todo eso. Sí, una sola frase.

Recuerdo que era todavía la mañana del primer día del programa, apenas llevábamos unas horas de contenido. De hecho, Tony Robbins todavía estaba con la introducción del curso, abordando un apartado sobre mentalidad. Yo escribía todo lo que escuchaba atentamente en mi libreta, escuchando atentamente, cuando, de repente, su voz retumbó en mí. En mis oídos, en mi mente y, sobre todo, en mi corazón. Pronunció una frase que me he repetido desde entonces cada día, que ya forma parte de mi identidad y que cambió por completo mi forma de liderarme a mí mismo:

> «La calidad de tu vida depende de la cantidad de incomodidad que puedes asumir de forma cómoda».

Los seres humanos, desde una perspectiva evolutiva y biológica, estamos diseñados para buscar la comodidad. Mecanismos como la homeostasis buscan un equilibrio interno, mientras que nuestra propia neurobiología nos orienta a evitar el dolor y a buscar el placer. Además, históricamente, la comodidad y la conservación de energía eran esenciales para la supervivencia. También existe una zona de confort psicológica: nos rodeamos de personas que refuerzan nuestras propias creencias y evitamos a aquéllas que las desafían.

¿Cuál es la paradoja? Que, aunque estamos programados para mantenernos cómodos, todos los resultados que anhelamos están fuera de esa zona de confort. La generación de riqueza, el conseguir relaciones auténticas, el sentirse realizado y el gozar de altos niveles de energía y salud, entre otros, requiere de acciones que nos van a provocar incomodidad: trabajar cuando no apetece, tener conversaciones difíciles, ser honesto con uno mismo e ir a entrenar cuando te sientes cansado son sólo algunos ejemplos.

¿De qué se trata entonces? De que si eres una persona que quiere un nivel de resultados cómodo, asumas que el único camino es abrazar la incomodidad. Debes aprender a convivir con la incertidumbre de forma constante. Tus principales enemigos van a ser la pereza, el conformismo y el miedo. Los tres se vencen con esfuerzo. No hay ningún truco mágico, simplemente se trata de empezar a afrontar situaciones incómodas. ¿No te apetece ir a entrenar? Hazlo. ¿No te apetece quedarte un rato más terminando ese informe? Hazlo. ¿No te apetece decirle a una persona de tu equipo que su actitud no está siendo la correcta? Hazlo. A través de la propia práctica es como irás ampliando tu zona de confort.

Una vez integres en tu día a día la sensación de incomodidad, verás cómo te resultará mucho más sencillo afrontar nuevas situaciones difíciles. Cada vez te sentirás más preparado para nuevos retos y desafíos. Una persona influyente está expuesta permanentemente a cambios, vaivenes emocionales, circunstancias adversas... Eso jamás lo podrás controlar, pero sí cómo reacciones ante ello. Y la mejor forma de reaccionar ante ello llegará a ti de forma natural cuando esa incertidumbre forme parte de tu rutina.

Creencias limitantes que sustituir y nuevas creencias que implantar

- «Siempre evito la incomodidad, siempre he sido así.» → «Soy capaz de evolucionar y reinventarme en cualquier momento de mi vida.»
- «El cambio es peligroso, la incomodidad significa que algo va mal.» → «El cambio es una oportunidad para aprender, crecer y mejorar.»
- «No soy lo bastante bueno, no tengo las habilidades para manejar situaciones difíciles.» → «Soy valioso y capaz, y cada día me esfuerzo por ser una mejor versión de mí mismo.»
- «La vida ya es lo suficientemente dura, no necesito más desafíos.» → «Los desafíos fortalecen mi resiliencia y me enseñan lecciones valiosas.»
- «Las personas exitosas no sienten incomodidad.» → «La incomodidad es una parte natural del proceso de crecimiento y éxito.»
- «Afrontar la incomodidad no garantiza éxito.» → «Enfrentar la incomodidad me fortalece y aumenta mis posibilidades de éxito, independientemente del resultado.»

Preguntas poderosas para que reflexiones

- ¿Qué es lo peor que podría suceder si sales de tu zona de confort y cómo podrías gestionarlo?
- ¿Cómo sería tu vida si abrazaras regularmente la incomodidad en lugar de evitarla?
- ¿Qué personas que sean referentes para ti conoces que hayan abrazado la incomodidad y hayan logrado grandes cosas? ¿Qué puedes aprender de ellas?
- ¿Qué harías si no tuvieras miedo?
- ¿Qué consejo te daría tu «yo» del futuro sobre cómo enfrentar la incomodidad ahora?
- ¿Cómo te sentirías al final de tu vida si supieras que no aprovechaste oportunidades por temor a la incomodidad?

Pepitas de oro para que las apliques en tu día a día

- **Comienza en pequeño**. Afronta primero pequeños desafíos o tareas que estén ligeramente fuera de tu zona de confort y, poco a poco, ve aumentando el grado de incomodidad. Esto hará que la transición hacia situaciones de mayor incertidumbre sea más gradual, por lo que tu capacidad mental y emocional se irán expandiendo también progresivamente.
- **Recuerda tus logros pasados**. Estoy convencido de que, a lo largo de tu vida, ha habido muchos momentos en los que has logrado grandes cosas. Para llegar a ellos, has tenido que superar grandes dosis de incomodidad. Te dará confianza el reconocer que ya te has enfrentado a desafíos similares antes.
- **Reinterpreta la incertidumbre**. Una de las claves del crecimiento personal es elegir el significado que le da-

mos a cada elemento de nuestra vida. Es probable que hasta ahora hayas considerado la incertidumbre como un obstáculo; a partir de ahora, considérala como una señal de crecimiento.

- **Utiliza la visualización**. Es una herramienta muy poderosa que utilizan deportistas, artistas, oradores y profesionales. Consiste en imaginar de forma vívida una experiencia que deseas vivir. Como a nivel neuronal tu cerebro no diferencia entre una experiencia imaginada o real, lo que consigues es preparar y entrenar tu cerebro para gestionar la situación real cuando llegue como tú has anticipado previamente.
- **Vincula tu felicidad al progreso**. Hemos aprendido a sentirnos bien si conseguimos un objetivo y a no sentirnos bien si no lo hacemos. Por este motivo, muchas veces evitamos salir de nuestra zona de confort por miedo a fallar y, por tanto, a no sentirnos felices. Pero ha sido así hasta el momento porque lo has elegido. Elige a partir de ahora asociar la felicidad a la sensación personal de avanzar, no a la consecución de una meta concreta.
- **Entrena tu equilibrio emocional**. Para gestionar las situaciones incómodas con la mayor calma posible, recurre a la práctica de técnicas de relajación, meditación o atención plena. Así enfrentarás los desafíos evitando reacciones impulsivas, podrás tomar mejores decisiones y desarrollarás más capacidad para solventar situaciones estresantes.

2.2. Principio 2: Debes crecer todos los días

> Nunca dejes de hacer aquello que te hizo tener éxito.

Contexto y significado de esta regla

Te confieso algo. Hace unos años pensaba que, cuando lograra «el éxito», pararía. Sí. Cuando tuviera la vida que soñaba, entonces podría relajarme, frenar, bajar el ritmo. Me equivocaba, gravemente. De hecho, justo cuando llegó la pandemia, en marzo de 2020, fue cuando entendí este principio.

Para esa fecha llevaba varios años ya al máximo nivel en el mundo de los cursos de formación. Desde el año 2017, especialmente, mi ritmo era bastante intenso: impartía unas 150 conferencias presenciales al año, en diferentes provincias de España, lo que implicaba que, casi todas las semanas, de martes a jueves me encontraba viajando por el país. Además, dos fines de semana al mes realizaba cursos presenciales intensivos de dos o tres días, desde las nueve de la mañana a las nueve de la noche. Los años 2017, 2018 y 2019 fueron exactamente iguales.

A finales de 2019, en un momento de reflexión personal, me di cuenta de que vivía muy, muy bien. Me dedicaba a lo que me apasionaba, mi nivel de ingresos estaba muy por encima del promedio y tenía reconocimiento en el sector. Había llegado donde se suponía que deseaba, por lo que decidí simplemente bajar un poco el ritmo y mantenerme. ¿Para qué hacer más, para qué seguir creciendo si ya había llegado donde quería?

Obviamente, no me detuve por completo, sino que disminuí mi ritmo de conferencias presenciales. Sobre todo, dejé de tener esa hambre por crecer más y más. Pensé que ya estaba. Que iba a ser siempre así. ¿Alguna vez has sentido esta sensación? Mirar hacia el futuro y pensar que la vida siempre va a ser así... Ay, ay, ay.

De repente, llegó el 14 de marzo de 2020 y se declaró el estado de alarma por la pandemia de la COVID-19. Tras la sorpresa inicial y, sobre todo, tras perder la esperanza que muchos teníamos de que la situación excepcional iba a durar apenas dos o tres semanas, empecé a ser consciente de mis circunstancias: casi el total de mis ingresos dependía entonces de cursos presenciales, que ya no podía realizar. Literalmente, me había quedado fuera de juego. Dejando a un lado las quejas y lo externo y centrándome en mi camino de los últimos años, me pregunté: «¿Cómo he llegado a esta situación?».

Enseguida lo vi claro: mentalmente, me había relajado. Había llegado a un destino y había elegido dejar de crecer. Cuando me di cuenta de esto, tomé una decisión: a partir de ese momento, nunca, nunca, nunca, iba a detenerme. Desde entonces, elijo crecer cada día: cursos de formaciones, libros, experiencias, nuevos proyectos, nuevas personas, nuevos métodos. De hecho, esa situación me hizo ser consciente de que lo que me había llevado a los resultados soñados en 2017 fue estar en constante crecimiento durante muchos años. Por eso, nunca debes dejar de hacer aquello que te llevó a tener éxito. En este caso, el hambre de crecer.

Hay personas que cuando ven mi estilo de vida, mi ritmo, mi hambre, mis ganas, mis resultados, me preguntan: «Miguel, ¿y tú cuándo vas a parar?». Creo que te puedes imaginar mi respuesta: «Nunca, nunca, nunca. Cuando dejas de crecer, empiezas a morir».

Creencias limitantes que sustituir y nuevas creencias que implantar

- «No tengo tiempo para el crecimiento, mi vida no da para más.» → «Priorizar tiempo para mi crecimiento es una inversión en mi bienestar y mi futuro.»
- «Crecer todo el tiempo suena agotador.» → «El crecimiento constante me da energía y me conecta con mi propósito en cada paso.»
- «No es realista esperar crecer cada día, la vida tiene altibajos.» → «Aunque la vida tenga altibajos, cada experiencia me ofrece una oportunidad de aprendizaje y crecimiento.»
- «Hay un límite para cuánto puede crecer una persona.» → «El potencial humano es ilimitado, siempre hay espacio para aprender y evolucionar.»
- «Si siempre estás creciendo, ¿cuándo disfrutas de lo que ya has logrado?» → «Crecer me permite apreciar y valorar mis logros en un nivel más profundo.»
- «Si siempre estás buscando crecer, nunca estarás satisfecho.» → «Busco crecimiento constante no porque esté insatisfecho, sino porque valoro mi evolución y mi desarrollo.»

Preguntas poderosas para que reflexiones

- Si tuviera todo el tiempo y recursos del mundo, ¿qué área de mi vida me gustaría desarrollar más?
- ¿Qué pequeño paso puedo tomar hoy para comenzar a crecer en el área que deseo?
- ¿Qué habilidades o conocimientos deseo adquirir en el próximo año y cómo puedo lograrlo?

- ¿Cómo se vería mi vida en un año si me comprometiera a crecer un poco cada día?
- ¿De quién puedo aprender o quién puede ser mi mentor en este viaje de crecimiento?
- ¿Qué actividades o hábitos diarios pueden apoyar mi crecimiento constante?

Pepitas de oro para que las apliques en tu día a día

- **Ten un modelo**. Es muy difícil crecer cuando no tienes a quien seguir. Para ello, debes buscar un modelo que seguir o un mentor. Los seres humanos nos volvemos parecidos a las personas que admiramos, por eso debemos ser muy cuidadosos con respecto a quien elegimos como referentes, ya sea de forma consciente o inconsciente.
- **Dedica un espacio de tiempo diario para formarte**. Adopta el hábito de incluir en tu jornada diaria un tiempo para aprender, ya sea a través de la lectura, de cursos de formaciones, de pódcast... Lo importante para arrancar es que empieces poco a poco: es mejor establecer una rutina de 15 minutos al día y cumplirla siempre que proponerse una hora diaria y fallar al tercer día.
- **Prueba una actividad diferente cada seis meses**. Por eficacia biológica, nuestro sistema nervioso se acostumbra a realizar lo que siempre hacemos. Pero, obviamente, este comportamiento es contrario a nuestro objetivo de crecimiento constante. Para ello, es conveniente salir de la rutina también en nuestros *hobbies*. Dos veces al año comienza una nueva actividad, como un deporte, un idioma, un *hobby*...
- **Protege tu tiempo**. La mayor parte de personas tienen poco tiempo disponible. Si le sumamos el dedicar

un tiempo diario al crecimiento..., la respuesta más probable es «no tengo tiempo». Para ello, debes empezar a ser realmente cuidadoso con tu tiempo, protegiéndolo, priorizándote y sabiendo decir que «no» a todo aquello que no aporte nada a tus objetivos.

- **Establece rutinas saludables.** Sólo con una mente y un cuerpo en forma, el crecimiento será sostenible a largo plazo. Para ello, debes priorizar hábitos que favorezcan tu salud mental (agradecimiento, meditación, escritura...) y hábitos que favorezcan tu salud física (deporte, alimentación saludable, descanso...).
- **Evalúa regularmente.** Haz revisiones periódicas de tus objetivos y tu progreso. Esto te hará, por un lado, tomar consciencia de tus avances, lo que repercutirá en tu motivación, y, por otro lado, te permitirá ajustar si hay alguna desviación antes de que sea tarde.

2.3. Principio 3: El éxito a la primera no genera ningún aprendizaje

> Si todo viene fácil, quizás te estás perdiendo las lecciones más valiosas.

Contexto y significado de esta regla

En octubre de 2014 tuve la oportunidad de realizar una estancia en la meca de los negocios digitales, Silicon Valley, en San Francisco (Estados Unidos) tras ganar un concurso de emprendimiento organizado por uno de los bancos más importantes del mundo. Fue increíble conocer de primera mano cómo se trabaja en empresas como Facebook, Google, LinkedIn o HP. Aprendí tanto allí que, mientras escribo estas líneas, casi una década después, me doy cuenta del cambio tan profundo de mentalidad que todavía siento gracias a esa experiencia.

Y es que sobre todo aprendí una lección muy, muy, muy valiosa. Te cuento. Estando allí asistí a múltiples eventos donde había emprendedores que presentaban su idea delante de inversores. Tenían un breve espacio de tiempo para contar lo más destacado sobre sus proyectos y sobre ellos mismos, y hubo un patrón que se repitió. Una y otra vez. Y me sorprendió mucho. Todos los emprendedores hablaban de sus fracasos. Los contaban con todo lujo de detalles: qué los había llevado a cada fracaso, cuánto dinero habían perdido... No se guardaban nada y se percibía en el ambiente que el fracaso se admiraba, y mucho.

Todo lo contrario a lo que estamos acostumbrados en España, donde, de hecho, el fracaso se suele ocultar. Disimular. Falsear. Negar. Pregunté a varios de esos emprendedores estadounidenses por qué contaban sus fracasos y, con cara de «es evidente», me respondían: «Porque gracias a que he fracasado varias veces, he aprendido todo lo que sé ahora. Si hubiera acertado a la primera, no habría aprendido nada». *¡Boom!*

Aplicar esto en nuestro día a día es un gran reto. Nuestra mente no está diseñada para fracasar. Si no lo sabemos gestionar, repercute directamente en nuestra autoestima. En nuestro país, desde bien pequeñitos, nos han trasladado la idea de que fracasar es algo negativo y ésta ha quedado grabada a fuego en nuestro subconsciente. Por eso, cada vez que las cosas no salen como queremos, se activa esa sensación tan desagradable de derrota dentro de nosotros. Hay que aprender a dominarla, a transformarla, a utilizarla a tu favor. Te enseño cómo.

Tengo un truco muy personal para gestionar las situaciones de fracaso. Situaciones complicadas donde las cosas salen mal. Mira, voy a ser muy directo: quien fracasa, es porque se ha atrevido. Las personas que tienen vidas planas nunca fracasan. Nunca se lo permiten. Nunca se atreven. Pero la consecuencia es que tienen vidas (muy) aburridas. Cuando he fracasado, que ha sido varias veces y en diferentes áreas (profesional y personal), no me he sentido bien al principio, obviamente, pero, al pasarlo mal, ha sido cuando me he dado cuenta de que el hecho de atreverme a fracasar me permite, en muchas otras ocasiones, vivir experiencias extraordinarias, fuera de lo común. Experiencias que quienes tienen una vida plana nunca disfrutarán.

Entonces, es muy sencillo. Simplemente he creado una asociación en mi mente para cuando las cosas no salen como yo quiero. En esos momentos, le digo que, gracias a esta situación de fracaso que me provoca dolor, podré vivir otras situaciones que serán maravillosas y que, sin ese fracaso, nunca llegarían a mi vida.

Creencias limitantes que sustituir y nuevas creencias que implantar

- «Las personas exitosas siempre lo consiguen a la primera.» → «El éxito verdadero se mide por la resiliencia y la capacidad de superar obstáculos, no por la perfección inmediata.»
- «Los errores y fracasos son señales de debilidad, no de aprendizaje.» → «Los errores y fracasos son oportunidades valiosas para aprender y crecer.»
- «La gente te juzgará si no lo haces bien a la primera.» → «La gente admira la resiliencia y la capacidad de aprender y mejorar con el tiempo.»
- «Los errores son costosos y deben evitarse a toda costa.» → «Los errores son inversiones en nuestro crecimiento y nuestro desarrollo futuros.»

- «Aprender de los errores es una excusa que la gente utiliza para justificar su fracaso.» → «Aprender de los errores es la esencia del crecimiento y la base del futuro éxito.»
- «Que aparezcan desafíos en el camino significa que no deberías estar haciendo eso.» → «Los desafíos en el camino son indicadores de que estoy creciendo y saliendo de mi zona de confort.»

Preguntas poderosas para que reflexiones

- ¿Qué lecciones has aprendido de tus fracasos que no habrías conocido de haber tenido éxito de inmediato?
- ¿Qué habilidades has desarrollado a través de experiencias que no resultaron como esperabas?
- Si tuvieras éxito en todo sin esfuerzo, ¿qué crees que te perderías en el camino?
- ¿Cómo cambiaría tu perspectiva si vieras los errores no como fracasos, sino como escalones hacia el éxito?
- ¿Recuerdas un momento en el que un fracaso te llevó a una oportunidad aún mayor?
- Si tuvieras la certeza de que cada desafío te hace más fuerte, ¿qué riesgo tomarías hoy?

Pepitas de oro para que las apliques en tu día a día

- **Desapégate del resultado**. No seré yo quien te diga que no tengas objetivos (¡al contrario!), pero no podemos permitir que nuestra felicidad o nuestro sentido de valía interna dependa únicamente de si conseguimos esos resultados. Las metas nos sirven como guía, pero nuestro foco debe estar en el proceso y las acciones que estamos realizando en el presente.

- **Diario de aprendizajes**. Dedica tiempo diario o semanal a escribir sobre tus fracasos y desafíos, anotando lo que has aprendido en cada uno de ellos. De esta forma, a través de la escritura, podemos hacerle ver a nuestra mente consciente que cada desafío es una oportunidad de aprendizaje, cambiando la perspectiva, detectando patrones y fortaleciendo nuestro crecimiento.
- **Estudia biografías**. Tendemos a pensar que a las personas de éxito les ha salido todo bien a la primera. Una forma óptima para destruir esta creencia es leer sobre personas que admires. Así te darás cuenta de que ellos también se enfrentaron a muchos desafíos y ello te servirá de recordatorio de que es algo común en cualquier trayectoria de grandes logros.
- **Cambia tu lenguaje**. El lenguaje impacta directamente en nuestro estado emocional, como te explicaré más adelante. Empieza por hacer pequeños cambios, utiliza palabras como «aprendí» o «descubrí» en lugar de «fracasé» y automáticamente verás como el significado que le das a cada experiencia de teórico fracaso es completamente distinto.
- **Comprende el sesgo de momento presente**. Nuestro cerebro sobredimensiona todo aquello que nos sucede en el instante presente. ¿Te ha sucedido alguna vez que aquello que tanto te preocupaba en un momento concreto, al pasar un día, una semana, un mes o un año, lo observabas con una mera anécdota? Recuerda este sesgo para adquirir tranquilidad en el momento en el que sientas frustración por no haber alcanzado un objetivo.
- **Busca *feedback* constructivo**. Una de las cualidades de las personas exitosas es que saben pedir opinión y escuchar. No tengas miedo de pedir opinión a personas en las que confíes y que además tengan resultados

en el área en la que no te ha ido bien. Pueden ofrecerte una valiosa perspectiva y consejos sobre cómo salir del bache y abordar desafíos futuros.

2.4. Principio 4: Eres una fábrica de emociones

No te duele lo que te sucede, te duele el significado que le das a lo que te sucede.

Contexto y significado de esta regla

Esto que voy a compartir contigo ha sido y sigue siendo uno de los aprendizajes más reveladores de mi vida. Tengo treinta y cuatro años y te diría que, gran parte de mi vida, hasta los veinticinco más o menos, he sido una persona bastante quejica. Podría poner diferentes ejemplos, pero con la gestión emocional se entiende fácil y rápido. ¿Que algo a nivel laboral no iba como yo quería? Me sentía frustrado. ¿Que no conseguía ligarme a la chica que me gustaba? Me sentía frustrado. ¿Que tenía una discusión con alguien cercano? Me sentía frustrado. Pero eso no era lo peor. Lo peor era que ni siquiera podía llegar a imaginar que era una elección mía sentirme así.

Hasta esa edad pensaba, como lo hace la mayor parte de las personas, que las emociones son una consecuencia de lo que nos sucede y que no podemos hacer nada ante ellas, simplemente sentirlas y esperar a que se nos pase, pero no, afortunadamente no es así. Una persona influyente primero es capaz de influir en su estado emocional. Lo sabe gestionar, dominar y cambiar a su antojo.

Este descubrimiento fue brutal para mí, porque había una consecuencia directa: como yo me sienta no depende de lo que me pasa, sino de lo que yo interpreto acerca de lo que me pasa. Ostras, resulta que, como ser humano y gracias a mi corteza prefrontal, puedo elegir qué significado darle a cada cosa que me sucede y, como consecuencia de ello, tendré un estado emocional u otro.

Voy a decirlo de otra forma, más directa aún: puedes elegir el estado emocional que te dé la gana, cuando quieras. Sí, así de loco. ¿Cómo hacerlo? Interviniendo de forma proactiva en los siguientes tres elementos:

- **Tu enfoque**: donde pongas tu atención, ahí va tu energía. Si te centras en lo que no puedes controlar, sufrirás. Céntrate, por tanto, en lo que está bajo tu control. Si te centras en lo que te falta, sentirás carencia y sufrirás. Céntrate, por tanto, en lo que ya tienes y te hace sentir agradecido. Y, si te centras en el pasado o en el futuro, sentirás arrepentimiento, ansiedad o preocupación, y sufrirás también. Céntrate en el presente, el único lugar en el que no existen los problemas. Elige donde enfocar tu mente y comenzarás a tener el control de tus emociones.
- **Tu lenguaje**: cómo te hablas a ti mismo y cómo hablas a los demás genera una influencia directa en tu estado emocional. Cuando hablas de «problema», sientes una emoción de parálisis, mientras que cuando hablas de «desafío» o «reto», tu emoción se transforma en acción. Cuando te dices «tengo que», tu subconsciente se siente obligado, en cambio, cuando te dices «quiero» o «elijo», tu emoción es de libertad y autonomía (observa que no es lo mismo decir «tengo que ir a comer a casa de mis padres» que «elijo o quiero ir a comer a casa de mis padres». La reacción interna a ambas afirmaciones es completamente distinta).

- **Tu fisiología**: la forma en la que usas tu cuerpo condiciona directamente tu estado emocional. Si tienes los hombros caídos y la cabeza agachada, tu postura te empuja a tener un estado pesimista e incluso depresivo. Si levantas la cabeza, echas los hombros hacia atrás, sacas pecho, respiras profundamente y hablas con un tono de voz poderoso, estás poniendo todos los ingredientes para disfrutar de un estado emocional de mucho más entusiasmo.

Creencias limitantes que sustituir y nuevas creencias que implantar

- «No tengo control sobre mis emociones, simplemente me suceden.» → «Tengo el poder de influir en cómo respondo a mis emociones y cómo actúo basado en ellas.»
- «No es natural o saludable reprimir o cambiar tus emociones.» → «Es natural sentir emociones, pero también es saludable aprender a gestionarlas y dirigirlas de forma constructiva.»
- «Algunos eventos son objetivamente dolorosos y dañinos, independientemente de cómo los interpretes.» → «Si bien hay eventos que son innegablemente dolorosos, el modo en que elijo interpretarlos puede afectar la magnitud de su impacto en mí.»
- «La idea de elegir emociones suena como negación o evasión de la realidad.» → «La capacidad de elegir mis emociones no es esconderse de la realidad, sino empoderarme para enfrentarla con equilibrio y comprensión.»
- «Si eligiera mis emociones, estaría siendo falso conmigo mismo.» → «Elegir cómo responder emocional-

mente a una situación no es ser falso, es ejercer mi capacidad de autogestión y autodeterminación.»
- «Es imposible que no me afecte lo que ocurre a mi alrededor.» → «Aunque los eventos externos pueden influir en cómo me siento, tengo la capacidad de decidir cómo les permito que afecten a mi bienestar emocional.»

Preguntas poderosas para que reflexiones

- ¿Qué lecciones has aprendido de tus fracasos que no habrías conocido de haber tenido éxito inmediato?
- Si fueras un observador externo de tu vida, ¿qué consejo te darías sobre cómo sentirte ante esta circunstancia?
- ¿Cómo sería tu vida diferente si practicaras el acto de elegir tus emociones cada día?
- ¿En qué momento sientes que controlas más tus emociones y cómo puedes replicar eso en otras situaciones?
- ¿Hay alguna situación pasada en la que cambiaste el significado y eso te benefició?
- Si pudieras asignar un significado diferente a una situación que te genera dolor emocional, ¿cuál sería?

Pepitas de oro para que las apliques en tu día a día

- **Rodéate de personas inspiradoras**. Una de las frases que más repito en mis cursos es la siguiente: «Busca a personas que jueguen al juego de la vida mejor que tú». Tu entorno influye directamente en tu estado emocional. ¿Quieres mejorar la calidad de tus emociones? Rodéate de personas optimistas, enfocadas en su crecimiento, que no critiquen y que hablen de sus proyectos en lugar de hablar de los demás.

- **La regla de los 90 segundos**. No se trata de que reprimas tus emociones ni de que las rechaces, pues éstas nos aportan información de mucho valor para conocernos a nosotros mismos. Sin embargo, en ocasiones, necesitamos salir rápido del bucle. Esta regla nos dice que cuando aparezca una emoción negativa, nos podemos permitir sentirnos así durante un minuto y medio..., pero, a partir de ahí, me «obligo» a cambiar mi estado emocional rápidamente.
- **Practica la gratitud**. No es posible enfocarte en dos emociones a la vez. Por tanto, puedo utilizar una emoción para «sacar» la que siento en un determinado instante y, para ello, la gratitud funciona extraordinariamente bien. Encuentra al menos una cosa por la que te puedas sentir agradecido. Cambiará tu enfoque y te ayudará a tener una perspectiva más positiva.
- **Analiza tus emociones**. Invierte tiempo en preguntarte por qué te sientes como te sientes. Cuando aparezca una emoción que quieras cambiar, pregúntate varias veces: «¿Por qué siento esta emoción?». Eso te ayudará a descubrir creencias limitantes, hechos del pasado y patrones de tu personalidad que te están impidiendo vivir con mayor calidad emocional.
- **Modo observador**. Muchas veces nos cuesta cambiar la emoción que sentimos porque estamos atrapados en nuestra historia. Sal de ahí. Para ello, te será muy útil observarte desde fuera, como si estuvieras mirando a otra persona. ¿Qué ves desde fuera? ¿Qué conclusiones puedes extraer del comportamiento emocional observado?

- **Crea una mejor alternativa.** En cada evento negativo que vivimos, reaccionamos, la mayor parte de veces de forma automática, lo que desemboca en un estado emocional concreto. Por tanto, hemos elegido una alternativa, pero siempre hay una alternativa mejor. Pregúntate: ¿qué otro significado puedo darle a este evento aparentemente negativo? ¿Qué otra mejor alternativa puedo elegir?

2.5. Principio 5: Abandona todas las excusas

> Tus excusas son legítimas, pero no te ayudan a mejorar.

Contexto y significado de esta regla

Voy a mojarme. De entre los 24 principios que estoy compartiendo contigo en este libro, éste es uno de los que más impacto ha tenido en mis resultados. Estoy hablando de centenares de miles de euros, de influencia real, de un crecimiento estratosférico. Mi vida en 2023 no se parece en nada, en absolutamente nada, a mi vida en 2013. Una década donde todo ha cambiado. Y este principio ha jugado un papel fundamental.

Ya te he dicho antes que durante la mayor parte de mi vida he sido bastante quejica. Era una persona «víctima»: todo me pasaba a mí y yo no tenía nada que ver. Te resumo cuál era mi situación en ese 2013. Había terminado la carrera de Ingeniería de Caminos, Canales y Puertos y me había contratado una constructora que me pagaba 315 euros al mes. Debido al proyecto final de carrera, había dejado de entrenar y mi forma física y de salud habían empeorado bastante. Además, me acababa de dejar la que había sido mi pareja por otra persona. Y lo peor de todo es que ¡realmente pensaba que yo no tenía nada que ver con todo esto!

Enfermé. Me diagnosticaron «esquesitis»: «Es que a los jóvenes nos explotan», «es que no se puede llegar a todo, me falta tiempo», «es que mi pareja se ha equivocado yéndose con otro». Todas mis respuestas a las situaciones que no me gustaban empezaban por un «es que...». Menos mal que algo había dentro de mí que, obviamente, no se sentía bien con todo eso.

Por ello, elegí el camino de la formación constante, y hubo un mentor que influyó drásticamente en mi mentalidad. Grant Cardone decía: «Lo que pasa en tu mundo es causado por ti». Esta frase impactó tanto dentro de mí que he estado a punto de volver a escribirla para destacarla. Vuelve a leerla para que resuene en ti tanto como lo hizo en mí.

Me di cuenta entonces de que, hasta ese momento, había desechado cualquier atisbo de poder en mi vida, que me había enrolado de manera continua en el papel de víctima, pero eso empezó a cambiar. Desde que escuché esa frase, empecé a hacerme responsable de todo, absolutamente todo, el cien por cien de lo que acontecía en mi vida. De lo que salía bien, era fácil; de lo que no salía tan bien, costaba un poco más.

Entendí que la responsabilidad no tiene que ver con la culpa, sino todo lo contrario. Mientras la culpa te paraliza, te frustra y te debilita, la responsabilidad te empodera, te enfoca en la acción, en la creación y la mejora constante de la vida de tus sueños. Y, ojo, hacerte responsable no significa que todo te salga bien, por supuesto que no. De hecho, donde más útil es este concepto es cuando las cosas salen mal, porque ahí es cuando te puedes preguntar: «¿Qué puedo hacer para reducir las posibilidades de que esto suceda de nuevo o incluso para asegurarme de que no va volver a ocurrir?», y eso te da la oportunidad de crecer una vez más. Recuerda: tú eres el creador de tu vida.

Creencias limitantes que sustituir y nuevas creencias que implantar

- «No es mi culpa, es el ambiente / la sociedad / el sistema lo que está en mi contra.» → «Aunque no puedo controlar todo lo que sucede a mi alrededor, sí puedo controlar cómo respondo y actúo ante ello.»
- «No es justo tener que asumir la responsabilidad de cosas que no provoqué.» → «Asumir responsabilidad no es sobre lo que es justo o injusto, sino sobre cómo quiero avanzar y crecer a partir de cualquier situación.»
- «Mis excusas son mis razones, no son evasiones.» → «Mis razones pueden explicar mi situación actual, pero no determinan mi destino.»
- «Asumir el cien por cien de responsabilidad es demasiado, no puedo cargar con todo.» → «Al asumir responsabilidad no estoy cargando con todo, sino eligiendo ser la fuerza activa en mi vida.»
- «No puedo controlar cómo me siento o reacciono ante ciertas situaciones.» → «Puedo no controlar inicialmente cómo me siento, pero sí tengo el poder de decidir qué hacer con esas emociones y cómo actuar a partir de ellas.»
- «Si siempre asumo responsabilidad, las personas a mi alrededor nunca lo harán.» → «Al asumir responsabilidad me convierto en un ejemplo positivo, inspirando a otros a hacer lo mismo en sus vidas.»

Preguntas poderosas para que reflexiones

- ¿Cómo sería mi vida si dejara de lado todas las excusas?
- ¿De qué manera mis excusas están afectando a mi autoestima y confianza?
- Si pienso en las personas que admiro, ¿cómo manejarían ellos esta situación?
- ¿Qué estoy evitando enfrentar al aferrarme a mis excusas?
- ¿Cómo se siente saber que el poder de cambiar mi situación actual está en mis manos?
- ¿Qué palabras o mantras puedo repetirme para recordar la importancia de asumir responsabilidad plena en mi vida?

Pepitas de oro para que las apliques en tu día a día

- **Analiza tus resultados no deseados**. El primer paso para asumir la responsabilidad de tu vida es centrarte en todos aquellos resultados que hoy tienes en tu vida y que no son como deseas. Antes de asumir la responsabilidad al respecto, pregúntate: «¿qué conjunto de creencias, emociones y acciones te han llevado a ese resultado?», «¿Puedes elegir a partir de ahora un conjunto de creencias, emociones y acciones diferente para que eso no se repita?».
- **Temporizador de decisiones**. La procrastinación, la pereza, el miedo y la parálisis son enemigos de la responsabilidad. Y un buen amigo es ponerse en acción. Para ello, cuando te enfrentes a una tarea o decisión, pon un temporizador (por ejemplo, de cinco minutos) y decide y actúa antes de que suene.

- **Bote de excusas**. Cada vez que pienses o digas una excusa, coloca una pequeña cantidad de dinero (cinco o diez euros) en un bote. Así generas un compromiso mayor para aumentar tu nivel de responsabilidad y, además, puedes usar ese dinero o bien para recompensarte por tus logros, o bien para donarlo a alguna causa benéfica.
- **Transforma las excusas**. Cuando detectes que estás cayendo en una excusa, aprovecha para transformarla en una acción positiva. En lugar de centrarte en lo que no puedes hacer o en las limitaciones, enfócate en lo que sí es posible. Por ejemplo, puedes cambiar el «no tengo tiempo» por «elijo, priorizo y voy a hacer tiempo para esto».
- **Rutina matutina**. El modo en el que comenzamos el día tiene un impacto significativo en nuestra mentalidad, energía y productividad durante el resto de la jornada. Asumir la responsabilidad de nuestras acciones diarias es mucho más sencillo si estamos activos física, mental y emocionalmente. El ejercicio, la meditación, la lectura y la formulación de agradecimientos es un buen combo para comenzar tu día.
- **Céntrate en las soluciones**. Se trata de no quedarse atrapado en los problemas que nos suceden ni en las negatividades asociadas. En el sentido práctico, es muy sencillo. Simplemente, la próxima vez que aparezca un problema, en lugar de concentrarte en él, oblígate a establecer como mínimo una solución. Obviamente, si entrenas a tu mente para que sean como mínimo tres, cuatro o cinco, mejor que mejor.

2.6. Principio 6: Define con claridad tu vida ideal

> Necesitas una visión de tu futuro que sea mucho mejor que tu presente.

Contexto y significado de esta regla

Cuando era pequeñito siempre soñaba con el futuro. Recuerdo que me encantaba irme a dormir y pensar en cómo me gustaría ser de mayor. Y no sólo eso, sino también cómo me gustaría que fuese el día siguiente en el cole o la próxima excursión o la siguiente conversación con la chica que me gustaba. Me encantaba soñar despierto, ¿por qué? Porque sentía que aquello me daba la vida, literalmente. Cuando las cosas no salían como yo quería o cuando me faltaba ilusión por algo, anclarme en mis sueños era mi combustible emocional.

Y la realidad es que no deberíamos dejar de ser niños cuando nos convertimos en adultos. Deberíamos seguir soñando siempre. Si «traduzco» estas palabras, me estoy refiriendo a que tener la máxima claridad de lo que quieres en tu futuro es clave si quieres tener éxito. Las personas influyentes tienen un extraordinario nivel de claridad con respecto a cómo es su vida ideal.

Importante. Esto no tiene nada que ver con vivir ajeno al presente y aferrarte a tus metas y ya está. Por supuesto que no. Se trata de disfrutar del camino, pero con la dirección y la guía que te dan unos objetivos a largo plazo. Una definición clara de tu vida ideal es el faro que ilumina tu día a día, especialmente, en los momentos más oscuros.

¿Qué te recomiendo? Que te prepares tu bebida favorita, pongas una música que te inspire e incluso y, si te gusta, enciendas alguna vela aromática. Genera un ambiente agradable, coge un bolígrafo y un papel y escribe con todo lujo de detalles qué vida quieres vivir en cinco años. Aquí la pregunta que debes responder no es «¿qué vida creo que viviré en cinco años?», sino «¿qué vida quiero vivir en cinco años?».

Observa que no te he hablado de esa vida ideal en un año. Y eso es porque voy a hablarte de otro sesgo que tenemos a nivel cerebral. Resulta que nuestro cerebro sobreestima lo que somos capaces de hacer en un año. Seguramente te ha pasado alguna vez que te has cargado de objetivos y tareas para un año... y los 365 días han pasado volando y estás casi igual. Es poco tiempo para un cambio realmente radical.

Pero la buena noticia es que también tenemos otro sesgo cerebral por el que subestimamos lo que somos capaces de hacer en cinco años. La mayor parte de personas, para esa cantidad de tiempo, simplemente suele proyectar una vida parecida, con alguna mejora. Pero te estás quedando corto, muy, muy corto. Tu vida puede cambiar radicalmente en cinco años.

Así que coge ese papel. Escribe esa visión. Ponla con todo lujo de detalles. Cuantos más detalles, mejor. ¡Ah! Y sólo hay una forma de saber si has escrito la vida ideal correcta: cuando termines, al leerla, tiene que sacarte no sólo una sonrisa, sino también una sensación interna de ilusión que nunca hayas sentido hasta ahora. Te tiene que generar mariposas en el estómago, para que te enamores, por fin, de tu vida.

Creencias limitantes que sustituir y nuevas creencias que implantar

- «Mejorar es sólo para aquéllos que tienen recursos y oportunidades.» → «El crecimiento y la mejora están al alcance de todos, independientemente de sus recursos o circunstancias.»

- «Tener expectativas altas sólo lleva a la decepción.» → «Tener expectativas altas establece un estándar para el esfuerzo y la aspiración, incluso si no las alcanzo, me empujarán a hacer más.»
- «No puedo cambiar mi destino porque está predeterminado.» → «Mi destino es una combinación de mis acciones, decisiones y actitudes. Tengo el poder de influir y moldear mi futuro.»
- «Las visiones y los sueños son para los jóvenes, no para alguien de mi edad.» → «Nunca es demasiado tarde para tener una visión o perseguir un sueño, la edad trae sabiduría y experiencia que pueden ser valiosas.»
- «Soy una persona práctica, no tengo tiempo para soñar despierto.» → «Tomarse el tiempo para visualizar y soñar despierto puede ofrecer claridad y dirección para mis acciones prácticas.»
- «Establecer una visión clara es sólo una forma moderna de autoayuda que no tiene un impacto real.» → «Una visión clara actúa como un faro, guiándome hacia las acciones y decisiones que reflejan mis verdaderos valores y aspiraciones.»

Preguntas poderosas para que reflexiones

- ¿Cómo sería un día típico en tu vida ideal?
- Si no tuvieras limitaciones de ningún tipo, ¿cómo sería exactamente tu vida ideal?
- ¿Qué nuevas creencias necesitas adoptar para hacer de esa visión una realidad?
- ¿Cómo cambiarían tus decisiones diarias si estuvieras totalmente enfocado en tu visión ideal?

- ¿Cuál es el coste de no perseguir activamente esa visión de futuro ideal?
- ¿Cómo se alinean tu trabajo y carrera actual con esa visión ideal?

Pepitas de oro para que las apliques en tu día a día

- **La respuesta clave**. Constantemente te vas a ver obligado a tener que tomar decisiones. ¿Cómo puedes saber a partir de ahora si una decisión es acertada o no? Muy sencillo. Ante cada decisión, pregúntate siempre: «¿Esta decisión me acerca a la visión de mi vida ideal?». Y sólo si la respuesta es un sí claro, adelante. Pero si no es un sí claro, es que es un no.
- **Tablero de visión**. Se trata de una herramienta visual muy poderosa para definir y para mantener vivos tus sueños y tus metas. Puedes hacer uno como el mío, es un simple corcho colgado en la pared, donde he colocado diferentes fotografías, imágenes y palabras que representan mi vida ideal en cinco años. Crearlo no tiene efectos mágicos, es decir, no van a aparecer de repente esos sueños en tu vida real, pero maximizará tu enfoque para que hagas las acciones necesarias para conseguirlos.
- **Revisiones constantes**. Cada día, semana, mes y año dedica tiempo a revisar tu vida ideal. Por un lado, para ir haciendo los ajustes pertinentes en caso de que aparezcan nuevas ilusiones o ya no te interesen las que había. Y, por otro, y más importante, para taladrar a tu subconsciente y que sepa, día y noche, qué es lo que quieres en tu vida. Una de las formas de trabajo de tu mente subconsciente es la repetición, así que vamos a aprovecharlo.

- **Elimina las distracciones**. Conseguir tu vida ideal va a requerir un férreo compromiso con ese camino. Debes ser consecuente con la decisión de ir a por tu vida soñada y, para ello, tendrás que eliminar o reducir las actividades o personas que te desvíen de tu camino. Este mantra, aunque te parezca muy directo, te puede ayudar: «Aporta o aparta».
- **Rodéate de inspiración**. Vivimos en la era de la información, donde estamos siendo constantemente bombardeados por estímulos de todo tipo. Sin embargo, es fundamental ser selectivo con los temas a los que dedicamos nuestra atención, especialmente si queremos mantenernos alineados con nuestras metas y visiones. Para ello, sigue a personas, lee libros o escucha pódcast que te inspiren y te alineen con tu visión.
- **Acciones diarias**. En el viaje hacia alcanzar grandes visiones y metas a largo plazo, puede ser fácil sentirse abrumado por la magnitud de lo que queremos lograr. Es aquí donde las metas diarias cobran importancia. Estas metas, aunque pequeñas, son las baldosas que construyen el camino hacia nuestros objetivos más grandes. Por eso, es importante que establezcas al menos una tarea diaria que te acerque a tu visión. Y, por pequeña que sea, asegúrate de cumplirla.

Liderazgo al oído

Para profundizar aún más en los contenidos de este capítulo, he grabado un audio muy potente para ti:

Capítulo 2: No te valides con tus resultados, valídate con tus hábitos

Para poder acceder al audio, sólo tienes que escanear este código QR o entrar en la siguiente dirección web:

<www.influenciadeimpacto.es/audios-piramide>

3

Cómo ser un imán para los demás

El segundo escalón de la pirámide de la influencia son las relaciones uno a uno. Una vez te lideras a ti mismo, el siguiente paso es aprender a liderar a los demás de forma individual.

La calidad de tu vida depende, en gran medida, de la calidad de tus relaciones. Piénsalo. Una gran cantidad de sufrimiento en nuestro día a día viene por no saber gestionar situaciones con nuestra pareja, jefe, socio, amigos, hijo... ¿Y si de una vez por todas nos centramos en aprender qué es lo que hace que una relación sea saludable, auténtica y real?

¿Cuánto has sufrido por una discusión? ¿Cuántas veces te has ido a dormir enfadado con alguien importante para ti? ¿Cómo te ha afectado el sentirte pisoteado por alguien de tu entorno? ¿Cómo te ha afectado el que no se haya tenido en cuenta tu opinión como te habría gustado? ¿Cuánta felicidad podrías experimentar si reconduces tus relaciones hacia el bienestar y el éxtasis? De todo esto te hablaré en este capítulo, que puede ser duro en algunos momentos cuando lo conectes con tu realidad, pero que te va a permitir crecer exponencialmente en tus interacciones humanas.

Recuerdo que cuando iba al colegio me costaba relacionarme. Siempre me sentía algo al margen de mis compañeros. No sabía cómo interactuar para sentirme más cercano. Siempre he sido bastante tímido e introvertido y eso me ha hecho sufrir durante bastante tiempo en mi vida.

No fui a la guardería. Bueno, para ser más preciso, y según me cuentan mis padres, sólo fui el primer día. Cogí tal rabieta que decidieron no llevarme más. Llorando desconsoladamente, no dejaba de gritar: «¡¡No quiero ir a la guardería!! ¡¡Yo lo que quiero es ir con la abuelita a comprar el pan!!». Creo que de algún modo el relacionarme con los demás me generaba ya algún bloqueo.

Lo que sí tengo grabado a fuego en mi memoria es mi primer día de cole. Tenía casi cuatro añitos y empezaba primero de preescolar. Mi madre nos dejó a mi hermana melliza y a mí en las escaleras de entrada a nuestro pabellón, repleto de otros niños. Ella se marchó y nosotros nos quedamos allí. Yo cogido de la mano de mi hermana fuertemente y con la sensación de estar completamente solo. Sólo acompañado por ella. Solos entre la multitud de niños. Todavía me viene a veces la emoción de ansiedad que sentí en ese momento.

Echando la vista atrás, veo que las relaciones humanas siempre han sido un reto para mí. Comunicar aquello que creía que le iba a herir a la otra persona, abrir mi corazón, proteger mis límites y mi espacio... Mi vida, imagino que como la tuya, ha estado repleta de retos. La buena noticia es que ahora, con perspectiva, veo cómo he podido aprender, entrenar, desarrollarme en ese aspecto. Y si yo, que partía de un rol tímido e introvertido, he sido capaz de vivir relaciones maravillosas, no me cabe duda de que tú también lo tienes a tu alcance. Veamos cuáles son esas claves para relacionarte de forma genuina.

3.1. Principio 7: Las personas magnéticas son las que caen bien a primera vista

La belleza atrae, pero la personalidad cautiva.

Contexto y significado de esta regla

Hace unas semanas, por el grupo de WhatsApp de los «Primos Navarro», mi primo José Luis nos escribió para invitarnos a una barbacoa para cenar en su casa el jueves siguiente. A los cinco minutos de habernos enviado el mensaje, ya estábamos apuntados más de treinta. De hecho, sólo faltaban un par de primos que no podían venir. (Inciso: sé lo que estás pensando, lo aclaro y luego sigo. Sí, somos más de treinta primos hermanos, en este caso, por parte de la familia de mi padre. Mi abuelo y mi abuela tuvieron diez hijos. Eran otros tiempos... y no había tele en casa ni les gustaba jugar al parchís.)

La cuestión importante es que el poder de convocatoria fue extraordinario. Y aquí la pregunta importante desde el punto de vista de la influencia es la siguiente: ¿por qué unas personas se convierten en líderes y consiguen atraer a los demás y a otras personas les cuesta tanto?

Podríamos considerar el ejemplo que te pongo de mi primo José Luis como anecdótico o casual, pero no. Si me sigues ya sabrás que una de mis filosofías vitales es que «como haces una cosa haces todo lo demás». Exactamente igual sucede con la influencia. Una persona verdaderamente influyente lo es a todas horas y con todas las personas. Una persona no influyente... no lo es con nadie.

¿Qué es lo que hace, por tanto, que mi primo José Luis tenga esa capacidad de influencia? Sin duda, su magnetismo. Y ya no me refiero de cara al grupo de primos o a su grupo de amigos, sino cara a cara. Con cada persona con la que se relaciona. Vamos, en el tú a tú, que es de lo que va este tercer capítulo. Veamos cuáles son esas claves para que tú también te puedas convertir en una persona magnética. Verás que, de esta manera, caerás bien a primera vista:

- **Autenticidad**: la gente conecta rápidamente con quien muestra su verdadero yo, tanto con sus fortalezas como con sus debilidades. Es más fácil confiar en alguien genuino, porque eso demuestra transparencia.
- **Generosidad**: si alguien tiene que preparar la paella en una quedada, ahí está mi primo. Si alguien tiene que echar una mano a los demás, ahí está él. Esto, siempre que se haga de forma desinteresada, potencia la ley de la reciprocidad, según la cual las personas tienden a responder a un acto positivo con otro positivo.
- **Humor**: mi primo José Luis es el primero que tiene un chiste, el primero que te hace una broma (de buen gusto), el primero que te hace soltar una carcajada. Reír juntos crea un lazo instantáneo, haciendo que dos extraños se sientan más cercanos en cuestión de segundos.
- **Generar conexiones**: ser una persona capaz de poner en contacto a otras personas, de provocar nuevas relaciones, de ayudar a que los demás interactúen, dispara tu magnetismo. Somos seres sociales, y todo lo que potencia eso te posiciona favorablemente.
- **Energía**: la energía es contagiosa. Para vender, hace falta energía. Para conectar, hace falta energía. Para inspirar, hace falta energía. Una persona que habla con pasión y entusiasmo aumenta radicalmente su capacidad de conectar con los demás.

Creencias limitantes que sustituir y nuevas creencias que implantar

- «Mi personalidad no es lo suficientemente interesante o agradable para cautivar a alguien.» → «Cada personalidad tiene su propia magia y su propio encanto, y la mía no es la excepción. Mi autenticidad es lo que me hace especial y atractivo.»
- «Necesito cambiar quién soy para ser más agradable y cautivador.» → «Soy suficiente tal y como soy. Al ser auténtico y mostrar mi verdadero yo, atraeré a las personas adecuadas a mi vida.»
- «Si soy demasiado magnético, los demás pensarán que soy arrogante o pretencioso.» → «El verdadero magnetismo se basa en la autenticidad y la humildad. Puedo ser carismático y, al mismo tiempo, genuino y humilde.»
- «Necesito tener éxito o riqueza para ser considerado magnético.» → «El magnetismo proviene de la autenticidad, la pasión y la conexión con los demás, no del estatus o la riqueza.»
- «El magnetismo implica manipulación.» → «El verdadero magnetismo consiste en crear conexiones genuinas y positivas, no en manipular a los demás.»
- «No merezco la atención o la admiración de los demás.» → «Soy valioso y digno de ser visto y apreciado por quienes soy.»

Preguntas poderosas para que reflexiones

- ¿Qué cualidades únicas tengo que otros valoran y quizá yo no estoy viendo?
- ¿Qué significa para mí ser auténtico y cómo puedo practicar la autenticidad cada día?

- ¿Cómo me sentiría al liberarme de la necesidad de aprobación externa?
- ¿En qué momentos me he sentido más magnético o carismático en el pasado? ¿Qué estaba haciendo o cómo me sentía en ese momento?
- Si me viera a mí mismo como la persona más magnética que conozco, ¿qué hábitos y creencias tendría?
- ¿Qué puedo aplicar hoy mismo en mi próxima conversación para maximizar mi capacidad de magnetismo?

Pepitas de oro para que las apliques en tu día a día

- **Modula tu voz**. La voz es una de tus herramientas más poderosas. La modulación es el arte de cambiar y controlar la calidad, el tono, el volumen y el ritmo. Una voz que no suena igual siempre hace que el interés de los demás aumente. Practica con grabaciones. Graba tu voz y escúchala. Esto te permitirá identificar áreas de mejora y ajustar tu modulación en consecuencia.
- **Habla desde el diafragma**. En lugar de hablar sólo desde la garganta o el pecho, habla desde tu diafragma, esto puede ofrecerte una serie de ventajas, tanto en términos de salud vocal como en la percepción de autoridad y confianza. Además, es mucho más sencillo controlar y potenciar tu voz, impactando más profundamente en los demás.
- **Aprende algunas preguntas interesantes**. Las preguntas significativas tienen el poder de convertir una conversación cualquiera en una conversación inolvidable. Te comento brevemente cuatro tipos de posibles preguntas:

- **Preguntas de descubrimiento**: «Si pudieras visitar cualquier lugar en el mundo, ¿dónde sería y por qué?».
- **Preguntas de reflexión**: «¿Qué libro o película ha tenido el mayor impacto en tu vida?».
- **Preguntas hipotéticas**: «Si pudieras cenar con cualquier persona, viva o muerta, ¿quién sería?».
- **Preguntas de opinión**: «¿Qué piensas sobre la tendencia actual de...?».

- **Sonríe al saludar**. La sonrisa es uno de los gestos más universales y poderosos que poseemos. No sólo refleja felicidad y bienestar, sino que también actúa como un puente que conecta a las personas a nivel emocional. Cuando combinamos una sonrisa con un saludo, estamos enviando un mensaje claro de amabilidad, apertura y confianza.
- **«Ponte en la postura de Superman»**. La postura corporal y la actitud están estrechamente relacionadas. Así que, si adoptas la postura de poder que vimos en el capítulo anterior, verás que no sólo a ti mismo te da una sensación inmediata de seguridad, sino que además serás visto por los demás como alguien más competente y confiable.
- **Dedica tiempo a tu autocuidado**. Comenzando por el autocuidado de tu cuerpo, pues, cuando te sientes bien físicamente, irradias una vibración positiva hacia los demás. Si dedicas tiempo, además, al cuidado mental y emocional, desconectando, meditando, procesando tus emociones, te presentarás ante el mundo como una persona equilibrada y auténtica.

3.2. Principio 8: Olvidarán lo que les dijiste, pero no cómo les hiciste sentir

> Las palabras son efímeras, pero las emociones perduran.

Contexto y significado de esta regla

Cuando terminé la carrera de Ingeniería de Caminos, Canales y Puertos estuve trabajando durante un año entero en una constructora de Alicante. Mi salario era bastante deprimente (315 euros netos al mes por media jornada, es decir, 12 horas cada día), pero en ese momento asumí que era el peaje que debía pagar para crecer profesionalmente en el mundo real. Y lo cierto es que estoy muy agradecido por esa época, pues lo que viví allí me hizo crecer muchísimo, ya no sólo en el aspecto técnico, sino especialmente en términos de liderazgo e influencia. No obstante, cuando llevaba casi un año, tomé la decisión de que quería irme de allí para cambiar de aires. Me había salido una opción laboral en la Universidad de Alicante como profesor e investigador y decidí cambiar de rumbo.

Cuando les comuniqué a los socios de la empresa constructora que me marchaba, hubo uno de ellos que me dijo que quería presentarme a un conocido suyo, Héctor, que se dedicaba al cálculo de estructuras, porque quizá podríamos colaborar de algún modo. Así que un día quedamos para comer los tres en un restaurante del centro de Alicante. Recuerdo que me llevé mi *curriculum vitae* en una funda, con la típica foto de cuando te haces la orla de la universidad, mi poca experiencia laboral y las decenas de cursos de especialización que había hecho para que abultasen en un documento algo escueto. La comida fue bastante bien, pero eso fue en septiembre de 2014 y no tuve noticias de Héctor durante las siguientes semanas y meses...

Hasta que un día de diciembre recibí un mensaje de LinkedIn. Al parecer, Héctor había perdido mi currículum y me había buscado para contactarme. Resulta que estaba en una época de bastante trabajo, él era consultor en cálculo de estructuras, estaba solo y no daba para más. Iba al límite. Me invitó a ir un día a su oficina para hablar del tema.

Héctor era un profesional muy reputado en el sector. Tenía experiencia trabajando con empresas muy reconocidas a nivel nacional e internacional. Había colaborado en obras muy icónicas, como diferentes puentes ferroviarios. Y reconozco que yo estaba bastante nervioso antes de ir a la reunión. Temía no estar a la altura de una colaboración así y no sabía si sería capaz de responder a determinadas preguntas ni de abordar ciertas conversaciones técnicas o personales.

Pasé por la puerta y, sinceramente, no recuerdo ni una sola palabra de lo que allí hablamos, pero tengo a flor de piel cómo me hizo sentir: valoró mi corta trayectoria, habló de mis ganas y me escuchó muy, muy atentamente. Me dejó tiempo para hablar y me preguntó mucho sobre mí. Demostró una gran humildad y una gran ética de trabajo. Esa tarde, me hizo sentir la persona más importante del mundo.

Hoy, Héctor es una de las personas más importantes de mi vida, hemos colaborado durante muchos años, incluso como socios, mientras me dediqué al mundo del cálculo de estructuras. Y todo empezó así, haciéndome sentir la persona más importante del mundo para él en ese momento.

Creencias limitantes que sustituir y nuevas creencias que implantar

- «No tengo la capacidad de hacer sentir algo profundo a los demás.» → «Cada interacción que tengo tiene el potencial de impactar profundamente a los demás.»
- «Si realmente quisiera hacer sentir bien a alguien, necesitaría hacer grandes gestos.» → «Los gestos más pequeños y sinceros pueden tener un impacto más profundo que los grandes.»
- «Se me da mal leer a las personas, ¿cómo puedo esperar hacerlas sentir bien?» → «La empatía y la escucha activa pueden ayudarme a conectar con los demás, independientemente de mi habilidad para "leer" a las personas.»
- «Las personas siempre están demasiado ocupadas o distraídas para notar mi esfuerzo por conectar.» → «Aunque no siempre se note, mi autenticidad y esfuerzo por conectar pueden dejar una impresión duradera.»
- «Mi pasado o mis errores me impiden ser visto como alguien que pueda hacer sentir bien a los demás.» → «Mi pasado y mis errores me han enseñado lecciones valiosas, lo que me permite conectarme con los demás de una manera más auténtica y comprensiva.»
- «Sólo las personas con grandes historias o experiencias pueden realmente impactar a otros.» → «Cada historia, grande o pequeña, tiene el poder de resonar y conectar con alguien de una manera especial.»

Preguntas poderosas para que reflexiones

- ¿Qué significa para mí hacer sentir especial a alguien y cómo puedo incorporar eso en mis interacciones diarias?

- ¿Qué persona en mi vida me hace sentir especial y qué puedo aprender de cómo se comporta conmigo?
- ¿Cuándo fue la última vez que hice sentir verdaderamente especial a alguien y qué hice específicamente?
- ¿Qué necesidades emocionales comunes tienen las personas y cómo puedo ayudar a satisfacer esas necesidades en mis interacciones?
- ¿Qué elogio o agradecimiento puedo dar sinceramente a alguien hoy?
- ¿Qué habilidades de escucha puedo mejorar para asegurarme de que los demás se sientan verdaderamente escuchados y comprendidos?

Pepitas de oro para que las apliques en tu día a día

- **Estate presente**. Esto implica estar totalmente en el momento, sin ningún tipo de distracción. Cuando interactúes con alguien, haz que se sienta que es la única persona en la sala, que no hay nada ni nadie para ti en ese momento además de esa persona. Elimina distracciones como el móvil, pensamientos errantes o preocupaciones.
- **Mantén el contacto visual**. Es una herramienta de comunicación no verbal con un gran poder. Indica interés, confianza y conexión. No se trata de una mirada fija, que pueda incluso asustar, sino de una mirada genuina, auténtica, conectada. Te ayudará también a percibir emociones que no se expresan verbalmente.
- **Escucha activamente**. No se trata de simplemente oír palabras, se trata de comprender realmente el mensaje que la otra persona está transmitiendo. ¿Qué implica? Prestar atención, no interrumpir, hacer preguntas para aclarar y mostrar empatía. Captarás más de lo que sus palabras dicen.

- **Elogia de forma genuina**. Los elogios fortalecen las relaciones y aumentan la autoestima de la otra persona. Deben cumplir dos requisitos: en primer lugar, que sean auténticos, si no es así, tu comunicación no verbal te traicionará, y, en segundo lugar, que sean por un hecho específico, lo cual multiplica su efecto al generar en la otra persona la sensación de «oh, se ha fijado en esto».
- **Utiliza un lenguaje conciliador**. El lenguaje conciliador busca encontrar puntos en común, entender el punto de vista del otro. Para ello, hay que evitar juicios de valor o pequeños reproches. Ejemplos de frases que te pueden ayudar son las siguientes: «Seguro que no me he explicado bien» o «Quizá debí haberlo pedido de otra manera».
- **Utiliza su palabra favorita**. La palabra favorita de cada persona es su propio nombre. Esto genera una conexión más profunda. Truco para no olvidar el nombre de alguien cuando se presente: respóndele con un «encantado de conocerte» y repites su nombre.

3.3. Principio 9: Una relación es un intercambio energético

> Defiende y controla tu espacio; ni invadas ni permitas ser invadido.

Contexto y significado de esta regla

En el principio anterior, te hablaba de mi etapa en una constructora de Alicante al terminar la carrera que, como ya he comentado, fue una oportunidad bestial para crecer en todos los ámbitos. Sobre todo, me ayudó a conocerme mejor y mejorar mis relaciones. Tuve un par de jefes durante los 12 meses que duró mi experiencia allí y de los dos aprendí mucho, especialmente sobre lo que nunca se debe hacer a nivel de influencia y liderazgo.

Como ya te he comentado, comencé a trabajar allí en septiembre de 2013 y mi sueldo era de 315 euros netos al mes. Al principio, simplemente lo asumí como parte del precio que debía pagar por aprender del mundo laboral real, pero, cuando ya llevaba unos meses con ellos, internamente había surgido una sensación de que quería (y merecía) más.

Desde que entré, me había entregado al máximo. Hacía jornadas de 12 horas, a veces más, pues en casa de mis padres, donde entonces vivía, me quedaba hasta las tantas de la mañana revisando planos, ajustando cálculos o terminando proyectos. Por cierto, lo hacía muy a gusto, disfrutaba con lo que hacía y lo hacía por voluntad propia. Ya estaba supervisando obras importantes, algunas de ellas en Madrid, relacionándome con directores de obra y jefes de obra de grandes empresas nacionales.

Y tomé la decisión. Con humildad, pero con la seguridad de que era merecido, iba a pedir un aumento de sueldo. Fue un jueves por la tarde del mes de mayo de 2014, eran casi las ocho de la tarde ya y sólo quedábamos en la oficina mi jefe y yo. Supe que era el momento adecuado.

Con voz algo temblorosa y con cierto miedo, me giré hacia su mesa y le dije: «Tengo que decirte algo. Llevo ya tiempo pensando esto y..., tras todo el esfuerzo que llevo haciendo por la empresa y teniendo en cuenta el tiempo que llevo y lo poco que cobro, creo que...». Enseguida me cortó. Con algo de agresividad y sin dejarme seguir hablando: «Pero ¿tú qué te has creído? ¿Que por ser ingeniero te mereces cobrar más? Cállate y sigue trabajando».

Me quedé helado. Completamente helado. No supe cómo reaccionar. Me invadió una sensación de impotencia tremenda, pero también de tristeza. Ahora bien, en ese instante, no fui consciente de lo que ese momento me acababa de enseñar. Te lo cuento.

Porque lo primero que debemos analizar es que esa situación no aparece de forma puntual, no. Viene precedida por una serie de eventos previos que finalmente desembocan ahí y lo que advertí fue muy relevante. Durante conversaciones previas, en otros contextos, y seguramente de menos importancia, había permitido que este jefe fuera invadiendo mi espacio, no había marcado mis límites ante una palabra no adecuada o ante una petición fuera de lugar.

¿Qué podemos aprender aquí? Muy sencillo. Las relaciones son en realidad un intercambio energético entre dos personas y hay dos opciones: hay equilibrio (la situación ideal y la más difícil de conseguir) o una persona es la invasora y otra la invadida (lo más habitual). Y lo relevante aquí es que, a nivel energético, no es posible vacíos. Esto quiere decir que, si una persona no pone sus límites, no se protege, automáticamente la otra avanzará. Por supuesto, esto no justifica la reacción del invasor, pero sí que nos pone de manifiesto lo siguiente: en una relación desequilibrada, la responsabilidad es tanto del invasor como de la persona que es invadida. Por tanto, en cada relación que tengas actualmente (con tu pareja, socio, equipo, amigo, jefe...), analiza tu rol y según éste:

- **Si eres el invadido**: defiende tus límites, protege tu espacio y habla con asertividad sobre tu posición.
- **Si eres el invasor**: permite que la otra persona recupere su espacio, refuerza su autoestima, autonomía y capacidad de decisión.

Creencias limitantes que sustituir y nuevas creencias que implantar

Si eres el invadido:

- «Si alguien invade mi espacio, es totalmente su culpa, no tengo nada que ver con ello.» → «Reconozco mi papel en la dinámica de nuestras interacciones y elijo establecer límites claros para proteger mi bienestar.»
- «Pedir respeto o establecer límites podría provocar conflictos y es mejor evitarlos.» → «Establecer límites puede generar incomodidad inicial, pero a largo plazo lleva a relaciones más saludables y auténticas.»
- «Aceptar responsabilidad significa que estoy justificando el comportamiento del invasor.» → «Aceptar responsabilidad me da el poder de cambiar la dinámica, sin excusar el comportamiento del otro.»

Si eres el invasor:

- «Si no tomo el control, nadie lo hará.» → «Confío en las capacidades de los demás para tomar decisiones y aportar al equipo o a la relación.»
- «Si no me impongo, me tomarán por débil.» → «Mostrar empatía y escuchar activamente son signos de fortaleza y seguridad en uno mismo.»
- «La gente no sabe lo que es bueno para ellos, yo sí.» → «Cada persona tiene sus propias perspectiva y experiencia, debo respetar y valorar sus opiniones, incluso si no estoy de acuerdo.»

Preguntas poderosas para que reflexiones

Si eres el invadido:

- ¿Cómo puedo comunicar mis límites de una manera clara y asertiva, con confianza y sin miedo?
- ¿Qué señales o indicadores me muestran que mis límites están siendo traspasados?
- ¿Qué podría aprender de las veces pasadas cuando no establecí límites adecuados?

Si eres el invasor:

- ¿En qué momentos o situaciones me doy cuenta de que puedo estar invadiendo el espacio de otra persona?
- ¿Qué temo perder si respeto completamente los límites de los demás?
- ¿Hay otras formas en las que podría expresar mis opiniones o deseos sin invadir el espacio de los demás?

Pepitas de oro para que las apliques en tu día a día

Si eres el invadido:

- **Identifica tus límites.** ¿Hasta dónde estás dispuesto a llegar? ¿Cuándo consideras que una línea ha sido cruzada? Debes establecer de antemano lo que ya no vas a permitir. Estos límites pueden ser físicos (espacio personal, contacto físico, abrazos...), emocionales (cuánta información personal compartes, hasta qué punto quieres exteriorizar tus sentimientos) y mentales (vinculados con creencias, valores, opiniones y temas que tratar).

- **Haz ejercicios de *role-playing*.** Se trata de una herramienta muy efectiva para practicar cómo comunicar tus límites y cómo reaccionar cuando se cruzan. Así, puedes ensayar diferentes escenarios en un ambiente seguro y controlado. Por ejemplo, puedes pedirle a un amigo de confianza que simule ser alguien que está cruzando uno de tus límites. A continuación, practicas comunicando tus límites y expresando tus sentimientos de manera asertiva.
- **Establece consecuencias**. Uno de los máximos motivadores que tenemos como seres humanos es el dolor emocional. Pon por escrito qué consecuencias puedes sufrir en el futuro por seguir permitiendo que rebasen tus límites y no hacer nada para impedirlo. ¿Qué es lo que no quieres vivir en el futuro? Concéntrate en ello y utilízalo como combustible emocional.

Si eres el invasor:

- **Busca retroalimentación**. Pregunta a amigos de confianza o familiares cómo perciben tu comportamiento. A veces, una perspectiva externa puede ofrecer valiosas revelaciones sobre tus acciones. Sé claro con lo que quieres saber, por ejemplo, del siguiente modo: «He notado que en ocasiones puedo ser dominante en conversaciones, ¿has sentido eso cuando interactúas conmigo?».
- **Tómate un respiro**. Si te das cuenta de que estás a punto de invadir el espacio de alguien, haz una pausa. Respira profundamente y reflexiona sobre tus acciones antes de proceder. Esto puede evitar intervenciones impulsivas que podrían invadir el espacio de alguien o tomar el control de una situación innecesariamente.

- **Pide permiso.** Si sientes la necesidad de intervenir en una situación, pregunta primero. Algo tan simple como un «¿puedo darte mi opinión?» es capaz de marcar una gran diferencia en cómo se percibe tu intervención. Y, por supuesto, respeta la respuesta que obtengas. Si la persona dice que no está interesada o prefiere que no intervengas, acata su decisión.

3.4. Principio 10: Las conversaciones difíciles, cuanto antes, mejor

> El temor a una conversación puede ser peor que la conversación misma.

Contexto y significado de esta regla

Sin duda, la etapa universitaria es un punto de inflexión para mucha gente. Para mí también lo fue. Se trata de un adiós a tu zona de confort y la bienvenida a un nuevo entorno, a nuevas formas de estudiar, a nuevas reglas, a menos supervisión... Y, sobre todo, a nuevas personas. Recuerdo con nitidez mi primer día de clase en primero de carrera, al conocer a nuevos compañeros, con esa mezcla de timidez y a la vez de ganas por conectar y establecer vínculos.

Y así fue. Poco a poco creé mi círculo de compañeros de la universidad. Íbamos a clase juntos, estudiábamos juntos en la biblioteca, comíamos juntos, íbamos al gimnasio juntos, quedábamos fuera de la universidad juntos... Nuestra conexión cada vez era más intensa, como era lógico. Fue una etapa de mi vida en que me pasaba el día entero en la universidad, desde que salía sobre las siete de la mañana de casa de mis padres hasta que regresaba cada día a eso de las diez de la noche.

Y, claro, sucedió lo que muchas veces sucede, que llegas a la universidad teniendo un círculo de amigos del instituto y, cuando aparece otro círculo de amigos nuevo, la atención se empieza a dispersar. Y si pasas mucho mucho tiempo con el círculo nuevo, puede que prestes cada vez menos atención al círculo antiguo. Eso es lo que me sucedió a mí. No es que perdiera el contacto, pero sí que nos veíamos con mucha menos frecuencia.

También era normal. Cada uno de nosotros había elegido una carrera distinta Y todos estábamos en ese proceso de conocer gente nueva. Pero en mi grupo de amigos del instituto había una persona muy, muy especial para mí. Él era —y hago *spoiler*, lo sigue siendo— mi mejor amigo. Antonio no llevaba demasiado bien este proceso que, por otro lado, era natural, pero que obviamente estaba generando en nosotros cierto distanciamiento.

De vez en cuando, me escribía algún mensaje de reproche o, cuando nos veíamos, aunque fuera con más gente, me echaba en cara que fuera a la mía y que ya no quedara con ellos, ni con él, tan a menudo como antes de iniciar la universidad. Yo reaccionaba de forma bastante orgullosa, simplemente respondiendo que no era así y que no tenía razón. Aunque dentro de mí sentía que obviamente algo más importante pasaba.

Pasaron un año, dos, tres... y, llegado un punto, me di cuenta de que la relación estaba prácticamente rota, por lo que le dije que quería hablar a solas, muy en serio y desde el corazón. Estaba preparado para todo, para escuchar su enfado, para quizá incluso terminar nuestra amistad para siempre, pero también tenía la esperanza de que pudiéramos reconducir las cosas.

Era una conversación difícil. Crucial. De ésas que te da miedo afrontar. Sus palabras en los últimos años hacia mí habían sido siempre de reproche y, en cierto modo, yo estaba haciendo lo mismo hacia él. En mi mente, imaginé que pasaba lo peor en la conversación...

Quedamos para tomar un café y hablamos largo y tendido: de cómo nos sentíamos, de nuestras emociones, de nuestros porqués. Dejamos el orgullo a un lado e hicimos un esfuerzo por escucharnos, por entendernos. No fue fácil. Fueron varias horas. Entendimos que la vida tiene etapas, que llegarán nuevas personas a nuestras vidas, que la verdadera amistad asume que se pueden pasar meses sin verse, pero que el apoyo y el amor son incondicionales. Hubo reproches, claro. Algunas lágrimas. Sin embargo, se desatascó algo que llevaba camino de pudrirse del todo. Nos fundimos en un abrazo. Esa conversación difícil salvó nuestra amistad.

A veces no podemos evitar que ciertas relaciones lleguen a un punto complicado o que suceda una situación que tense todo, pero es importante que, si crees que hay un asunto que tratar o una conversación pendiente, la mantengas cuanto antes, pues eso puede marcar la diferencia entre salvar o pedir una relación significativa para ti.

Creencias limitantes que sustituir y nuevas creencias que implantar

- «Hablar sobre cosas difíciles sólo empeorará la situación.» → «Abordar temas difíciles puede llevar a una comprensión más profunda y fortalecer la relación.»
- «No tengo las habilidades de comunicación necesarias para abordar temas difíciles.» → «Cada conversación difícil es una oportunidad para mejorar mis habilidades de comunicación y aprendizaje.»
- «No estoy preparado para gestionar la reacción de la otra persona.» → «No puedo controlar cómo reaccio-

nará la otra persona, pero puedo controlar mi actitud y mi respuesta.»

- «No quiero ser percibido como conflictivo o problemático.» → «Es saludable y necesario abordar problemas y preocupaciones; ser proactivo en la comunicación es una muestra de madurez y cuidado.»
- «Las personas no cambiarán, así que ¿para qué molestarse en tener la conversación?» → «Aunque no puedo controlar el cambio en otros, al menos puedo expresar mis sentimientos y encontrar claridad para mí mismo.»
- «Soy demasiado emocional, no puedo gestionar una conversación difícil sin romper a llorar o enfadarme.» → «Está bien sentir emociones durante conversaciones difíciles, muestra que me importa. Con práctica, puedo aprender a gestionar mejor mis emociones en esos momentos.»

Preguntas poderosas para que reflexiones

- ¿Qué es lo peor que puede pasar si tengo esta conversación y cómo podría gestionarlo?
- ¿Cuál es el mejor escenario posible que podría surgir de esta conversación?
- ¿Cómo ha impactado evitar esta conversación en mis emociones, mi bienestar y mis relaciones?
- ¿Qué herramientas o estrategias puedo utilizar para mantenerme centrado y calmado durante la conversación?
- ¿Estoy dispuesto a escuchar genuinamente el punto de vista de la otra persona, incluso si no estoy de acuerdo?
- ¿Qué lecciones puedo aprender de conversaciones difíciles pasadas para mejorar en esta próxima interacción?

Pepitas de oro para que las apliques en tu día a día

- **Habla de tus emociones.** Esto que voy a compartir contigo es uno de los mayores aprendizajes vitales y lo puedes utilizar en cualquier conversación difícil: «Los argumentos son rebatibles, las emociones no». Habla de cómo te sientes antes de poner foco en las razones. Esto generará más comprensión hacia ti en la otra persona.
- **Evita el lenguaje absoluto.** El uso de términos absolutos como «siempre» o «nunca» puede resultar en generalizaciones que no reflejan toda la realidad y pueden hacer que la otra persona se ponga a la defensiva. En lugar de decir «Nunca escuchas», prueba a decir: «Siento que no me escuchaste cuando te hablé sobre este tema».
- **Reconoce y valida los sentimientos del otro.** Incluso si no estás de acuerdo con la perspectiva o los sentimientos de la otra persona, es fundamental reconocerlos y validarlos. Esto muestra respeto y empatía y ayuda a que la otra persona se sienta escuchada y comprendida, lo que puede ser crucial para resolver conflictos.
- **Haz preguntas abiertas.** Las preguntas abiertas no buscan una respuesta específica; en cambio, invitan a la otra persona a compartir su perspectiva y sentimientos. Por ejemplo, puedes preguntar «¿Cómo te sientes respecto a eso?» o «¿qué piensas sobre lo que ocurrió?». Estas preguntas fomentan el diálogo y dan espacio para la reflexión y la comprensión mutua.
- **Utiliza frases en primera persona.** Al usar emplear la primera persona «me siento...» o «mi experiencia ha sido...» estás compartiendo tus sentimientos y perspectivas sin poner a la otra persona a la defensiva.

Es una forma efectiva de comunicar tus necesidades y sentimientos sin culpar o acusar a la otra persona.
- **Prepárate mentalmente**. Esto implica reflexionar sobre lo que quieres lograr con la conversación, identificar tus propias emociones y tus propios sentimientos relacionados con el tema y estar dispuesto a escuchar y comprender la perspectiva del otro. Una mentalidad calmada y centrada puede marcar una gran diferencia en el resultado de la conversación.

3.5. Principio 11: Sé tú esa persona vitamina

> La verdadera felicidad se encuentra en el acto de dar a los demás.

Contexto y significado de esta regla

La reconocida autora Marian Rojas Estapé habla en uno de sus libros del concepto de «persona vitamina»: las personas vitamina son aquéllas que nos llenan de energía, nos motivan, nos apoyan y nos hacen sentir bien. Marian destaca la importancia de rodearnos de este tipo de personas para mejorar nuestra calidad de vida, incrementar nuestra felicidad y alcanzar nuestros objetivos profesionales y personales.[3]

No puedo estar más de acuerdo con ella. Es clave saber identificar a estas personas y construir relaciones sólidas y significativas con ellas. Así como también es clave evitar las relaciones tóxicas que nos drenan energía, bienestar y que nos alejan de nuestra plenitud. Ahora bien, ¿y si cambiamos el en-

3. Rojas Estapé, Marian, *Encuentra tu persona vitamina*, Espasa, Barcelona, 2021.

foque?, ¿y si en lugar de buscar a personas vitamina (que también), nos centramos en ser nosotros esa persona vitamina?

Quiero hablarte de un muy buen amigo mío, una de las personas más importantes de mi vida. Lo conocí cuando hice el máster en Dirección y Administración de Empresas MBA en 2014 e hicimos muy buenas migas desde el principio. Ostras, te confieso que estaba deseando que llegara el viernes (el máster tenía formato de fin de semana) para poder ir a clase y estar con él. Conectamos tanto que hicimos el trabajo final de máster juntos, luego iniciamos un proyecto como socios, lo he contratado recientemente como consultor en mi empresa y es una de las personas con las que consulto mis retos más desafiantes... En definitiva, es alguien imprescindible en mi vida.

¿Y por qué? Porque Mariano es esa persona vitamina y todo el mundo le quiere cerca. ¿Qué hace que Mariano sea una persona vitamina? Hay mucho que se puede aprender de él, destaco varias cosas:

- **Nunca le he visto enfadado**: lo cual no quiere decir que no le pasen situaciones dramáticas. Pero tiene una filosofía donde relativiza los momentos malos y se centra en lo que sí que puede gestionar, en aquello que está en su mano cambiar. Es un ejemplo para ayudarte a ti también a darle la vuelta a tus momentos complicados.
- **Te hace sentir importante**: en las conversaciones, siempre te pregunta primero. Sobre cómo ha ido desde la última vez. Sobre ese tema que le comentaste y del que por supuesto se acuerda. Sobre ti y sobre tu entorno. Sobre lo que para ti tiene importancia a nivel personal y profesional.
- **Consigue que te rías a carcajadas**: una de las mejores armas que tenemos para cambiar nuestro estado

emocional es la risa. Cuando te ríes, todo cambia. Y Mariano tiene ese poder. Aunque tengas un mal día, él te lo alegra con sus bromas, sus comentarios... y, sobre todo, riéndose de sí mismo. Una receta perfecta.

- **Cada llamada, cada mensaje, es una alusión para vivir**: cuando te manda un wasap o te llama, su tono de voz, sus palabras, sus *stickers*, todo en conjunto, es una invitación a «tío, ¡que estamos vivos y la vida es increíble!». Y es que no se trata de lo que te pasa, sino de qué haces con lo que te pasa.
- **Siempre está**: sea tarde o temprano, esté megaocupado o lejos, él siempre está accesible para escucharte, para aconsejarte y para darte su visión. Que, ojo, quizá no sea la que te gustaría escuchar, pero que siempre la dice con el corazón y, por supuesto, con humor. Y eso gusta. Porque cuando te sientes solo, lo tienes ahí

Así que de eso se trata, de ser como mi amigo Mariano. No esperes a que el resto sea como tú quieres... ¡Sé tú esa persona vitamina! (Y, entonces, atraerás a personas así.)

Creencias limitantes que sustituir y nuevas creencias que implantar

- «Si intento ser una persona positiva o "vitamina", los demás pensarán que soy falso.» → «Autenticidad y positividad pueden coexistir; cuando soy genuinamente positivo, las personas lo reconocen y lo valoran.»
- «No tengo el temperamento o la personalidad para ser esa persona que siempre es positiva y alegre.» → «Cada persona tiene su propia manera de influir a los demás. No necesito ser alguien que no soy, sólo nece-

sito encontrar mi propio estilo para ser una influencia positiva.»

- «Si soy una persona vitamina, podría atraer a personas tóxicas que quieran aprovecharse de mi bondad.» → «Tener límites claros me permite ser positivo y amable sin permitir que los demás se aprovechen de mí.»
- «La gente se sentirá incómoda si soy demasiado positivo o amable.» → «Cada persona reacciona de manera diferente y, mientras sea auténtico y respetuoso, la mayoría valorará y apreciará mi energía positiva.»
- «Ser una persona vitamina suena agotador y no estoy seguro de si vale la pena el esfuerzo.» → «Elegir ser positivo y alegre también puede nutrir mi propio bienestar y energía personal, creando un ciclo de retroalimentación positiva.»
- «Si me concentro en ser positivo para los demás, podría descuidar mis propias necesidades y sentimientos.» → «Cuidarme a mí mismo es esencial; cuando estoy bien, puedo ser una fuente de positividad para los demás sin descuidarme.»

Preguntas poderosas para que reflexiones

- Si alguien describiera una «persona vitamina», ¿qué cualidades mencionaría? ¿Cuáles de ellas tengo?
- ¿Qué personas en mi vida actúan como «vitaminas» para mí? ¿Qué puedo aprender de ellas?
- Si me encontrara con alguien que está pasando por un momento difícil, ¿cómo podría ser una «persona vitamina» para él o ella en ese momento?
- Si sintiera que mi energía o mi capacidad para ser positivo está disminuyendo, ¿qué estrategias podría em-

plear para recargarme y continuar siendo una influencia positiva?
- ¿Qué personas en mi entorno actual podrían beneficiarse más de tener una «persona vitamina» en sus vidas? ¿Cómo puedo acercarme a ellas?
- ¿Qué impacto a largo plazo podría tener en mis relaciones si decido ser consistentemente una «persona vitamina»?

Pepitas de oro para que las apliques en tu día a día

- **Ayuda a resolver problemas**. Cuando alguien en tu entorno se sienta frustrado, propón soluciones creativas o simplemente escucha sus preocupaciones. A veces, el simple acto de escuchar puede abrir puertas a soluciones inesperadas. Ser un solucionador de problemas no significa tener todas las respuestas, sino estar dispuesto a explorar y enfrentar desafíos juntos.
- **Sé espontáneo**. Sorprende a alguien con un gesto inesperado, invita a alguien a un paseo sin previo aviso o propón un juego improvisado. La espontaneidad puede romper la monotonía y reavivar el sentido de asombro y maravilla en la vida diaria.
- **Reescribe historias negativas**. Cuando alguien comparta contigo una perspectiva negativa sobre sí mismo, ayúdale a encontrar una interpretación más positiva y constructiva. Todos llevamos historias con nosotros, narrativas sobre quiénes somos, qué podemos hacer y cómo nos ven los demás y, a veces, estas historias pueden ser limitantes o negativas.
- **Utiliza el silencio compartido**. No todas las interacciones requieren palabras. En ocasiones, compartir

un momento de silencio con alguien puede ser más poderoso que cualquier conversación. Ya sea meditando juntos, observando un atardecer o simplemente sentados, el silencio compartido puede ofrecer un profundo sentimiento de conexión y comprensión.
- **Muéstrate vulnerable**. Al mostrarte vulnerable, invitas a otros a hacer lo mismo, creando un espacio seguro donde las emociones y experiencias pueden ser compartidas libremente. Hablar de tus miedos, inseguridades, errores y aprendizajes puede inspirar a otros a abrirse y compartir sus propias experiencias, fortaleciendo el vínculo entre ambos.
- **Sé un animador**. Celebra los pequeños logros y victorias de los demás como si fueran grandes triunfos. Tu entusiasmo puede ser contagioso. Hazle saber a tu entorno que estás allí para ellos, tanto en los mejores como también en los peores momentos.

3.6. Principio 12: Las relaciones como espejo donde mirarse

> Cuando una relación te desafía, te está mostrando el camino donde crecer.

Contexto y significado de esta regla

En este principio voy a ponerme un poquito espiritual, si me lo permites. Y es que, sin duda, para alcanzar la plenitud y, a su vez, la máxima capacidad de influencia, todos necesitamos un elevado grado de desarrollo personal y espiritual. No te asustes, ten la mente abierta y verás cómo te abro un campo de posibilidades para que saques el máximo provecho de las relaciones, especialmente de aquéllas en las que hay algún tipo de conflicto, dificultad o desafío.

Voy a hablarte de mi madre. Y no es que me lleve mal con ella, para nada. Tenemos una muy buena relación, pero voy a compartir contigo algún secretito. Sobre ella y, por supuesto, sobre mí. A ver, empiezo. Desde pequeñito siempre he sido bastante cabezón, y no sólo físicamente, que también, sino en mi forma de ser. Digamos que... siempre me ha gustado tener la razón... y digamos que a mi madre también...

Durante mucho tiempo, especialmente a partir de mi adolescencia, durante las comidas en casa eran habituales los «debates intensos» entre ella y yo. No eran discusiones (bueno, alguna que otra sí que hubo), sino intercambios de argumentos algo acalorados en ocasiones. Recuerdo que muchas veces me sulfuraba queriendo tener la razón y, claro, ella también. De hecho, mientras te escribo estas líneas me vienen a la mente las frases que más me repetía: «Cuando seas padre, entenderás lo que digo» o «Ahora dices eso porque te falta experiencia en la vida».

La cuestión es que daba igual si el tema era política, relaciones, estudios o yo qué sé. Y, por supuesto, daba igual quién de los dos tenía razón. Lo que aquí importa, y lo que puedes aplicar en cada una de tus relaciones, es que en cada conflicto con otra persona hay una oportunidad de aprendizaje. Y, en mi caso, con mi madre, lo veo claro. Muy, muy claro.

Cada vez que mi madre se oponía a mi postura y yo reaccionaba con rabia o enfado, ella me estaba mostrando la necesidad que tenía entonces de ampliar mi perspectiva hacia los demás. Esa situación me enseñaba ahora que mi visión, ya no sobre eso, sino sobre todo lo demás en la vida, era completamente egoísta y reduccionista según mi propio paradigma y mi sistema de creencias y, por tanto, la discusión o el debate, más allá del propio intercambio de ideas, era un regalo escondido para hacerme crecer a nivel interior.

Y es que así funcionan las relaciones. Cuando algo nos molesta de otra persona, nos está mostrando una parte de nosotros que podemos mejorar. Esto obviamente no es incompatible con poner límites, con defender nuestra integridad física, mental y emocional. Ni tampoco es incompatible con defender con respeto y con asertividad nuestros puntos de vista.

Sin embargo, si decides abrirte a explorar las razones por las que te genera dolor emocional el comportamiento de otras personas, estás dando un paso enorme para potenciar tu autoconocimiento, para comprender mejor a los demás y, por supuesto, para influir de una forma mucho más certera en todas las personas que se crucen contigo.

Creencias limitantes que sustituir y nuevas creencias que implantar

- «No necesito a nadie para entenderme o conocerme a mí mismo.» → «A través de las interacciones con los demás, puedo descubrir nuevas facetas sobre mí mismo y crecer personalmente.»
- «Si una relación es difícil, simplemente no está destinada a funcionar.» → «Las relaciones requieren esfuerzo y trabajo; enfrentar desafíos juntos puede fortalecer nuestra conexión.»
- «Si me siento herido o desafiado en una relación, es una señal de que debo alejarme.» → «Los desafíos en una relación son oportunidades para aprender, comunicarse y fortalecer el vínculo.»
- «Soy como soy y no puedo cambiar, independientemente de lo que reflejen mis relaciones.» → «Soy un

ser en constante evolución y mis relaciones pueden ayudarme a reconocer áreas de crecimiento.»
- «Aceptar que las relaciones son un espejo significa que soy el único responsable de todos los problemas.» → «Las relaciones como espejo me muestran dónde puedo crecer, pero ambas partes comparten la responsabilidad en una relación.»
- «Si veo defectos en otros, es su problema, no mío.» → «Lo que percibo en otros puede ser un reflejo de algo en mí, es una oportunidad para la introspección y el crecimiento personal.»

Preguntas poderosas para que reflexiones

- ¿Qué patrones recurrentes observo en mis relaciones y qué dicen sobre mí?
- ¿De qué manera mis expectativas sobre los demás reflejan mis propias inseguridades o deseos?
- Si asumiera que cada conflicto en una relación es una oportunidad de crecimiento, ¿cómo cambiaría mi perspectiva hacia los desafíos?
- Si veo algo que no me gusta en otro, ¿hay algún aspecto de eso que pueda reconocer en mí?
- ¿Cómo puedo ser más compasivo y comprensivo conmigo mismo al reconocer las lecciones que las relaciones me ofrecen?
- ¿Qué cambios positivos puedo hacer en mí mismo basándome en lo que he aprendido de mis relaciones?

Pepitas de oro para que las apliques en tu día a día

- **Busca patrones comunes**. A lo largo de nuestras vidas, tendemos a repetir ciertos patrones de comportamiento en la mayoría de nuestras relaciones. Puede ser la forma en que reaccionamos ante ciertas situaciones, el tipo de personas con las que nos relacionamos o incluso los conflictos que surgen constantemente. Al identificar estos patrones, podemos obtener una valiosa información sobre nosotros mismos.
- **La regla de los diez segundos**. Antes de reaccionar o responder en una conversación o situación tensa, tómate diez segundos para respirar y reflexionar. Estos momentos de pausa te permitirán no reaccionar impulsivamente y, en su lugar, responder de una manera más meditada y consciente. También te dará tiempo para conectar con tus propios sentimientos y para ser consciente de cómo pueden estar influyendo en tu percepción de la situación.
- **Visualización cruzada**. Cuando te encuentres en desacuerdo o en conflicto con alguien, tómate un momento para visualizarte a ti mismo en el lugar de esa persona. Intenta ver la situación desde su punto de vista y comprender sus emociones y motivaciones. De esta forma, tendrás una mayor perspectiva para decidir cómo actuar.
- **Diario de relaciones**. Anota cada día en una libreta tus sentimientos, reacciones y pensamientos después de interacciones significativas con las personas de tu entorno. Con el tiempo, revisar esas notas puede ayudarte a identificar patrones y darte una idea más clara de cómo interactúas con los demás y cómo te perciben.
- **Tu mapa de relaciones: en un papel**. Dibuja una serie de círculos que representen a las personas en tu

vida y líneas que indiquen la naturaleza y la fuerza de tu relación con cada una. Reflexiona sobre cómo cada relación te afecta y cómo contribuyes a esa dinámica. Es una forma precisa de ver cómo te relacionas con los demás y dónde podrías necesitar hacer ajustes.

- **Recuerda el espejo positivo**. Cuando hablamos de las relaciones como espejo, no es sólo por nuestras sombras, sino también por nuestras luces. Con cada persona con la que interactúas puedes ver fortalezas y virtudes en ti que quizás no reconozcas por ti mismo. No puedes ver nada en los demás que primero no esté dentro de ti. También sucede con los aspectos positivos. Sé consciente de ello y utilízalo como recordatorio de tu potencial.

Liderazgo al oído

Para profundizar aún más en los contenidos de este capítulo, he grabado un audio muy potente para ti:

Capítulo 3: Te desvelo qué es lo mejor que puedes hacer por el mundo

Para poder acceder al audio, sólo tienes que escanear este código QR o entrar en la siguiente dirección web:

<www.influenciadeimpacto.es/audios-piramide>

4

Grupos: cuando dos más dos suman diez

El tercer escalón de la pirámide de la influencia es la gestión de grupos. Cuando ya dominas el arte de las relaciones uno a uno, el siguiente nivel consiste en liderar conjuntos de personas.

En el mundo en el que vivimos, te guste o no, nos agrupamos: equipos deportivos, empresas, departamentos, organizaciones, familia, amigos... La sociedad se estructura en grupos y tu rol en esos grupos, te guste o no, va a determinar, y mucho, tu grado de felicidad.

¿Te siguen las personas habitualmente? ¿Sabes cuál es tu rol en cada grupo del que formas parte? ¿Sientes que tu voz es escuchada como te gustaría? ¿Crees que eres una inspiración para los demás? ¿Cuál es tu estilo de comunicación en grupos? ¿Crees que tienes más que aportar a tu organización, pero no sabes cómo hacerlo? En este capítulo, te enseñaré a entender los mecanismos de funcionamiento de los grupos y a sacarle el máximo partido a tu favor.

Te comentaba en el capítulo anterior que siempre he sido tímido e introvertido. De pequeñito, nunca me consideré líder. Ni siquiera se me pasó por la cabeza. Soñaba con serlo, pero creía que jamás lo conseguiría. Hasta que llegó un día... y pasó algo que guardaré siempre en mi corazón.

Una tarde de martes estaba jugando al fútbol con unos compañeros del instituto en el polideportivo municipal cuando, en un determinado momento, peleando por el balón, choqué con «el Michael», un chico nuevo que acababa de llegar al instituto y que, por su apariencia y por lo que se decía de él, daba algo de miedo al resto. También a mí.

Como te decía, fui inocentemente a pelear ese balón, con la mala suerte de tener un encontronazo fortuito con él. Su reacción, te la puedes imaginar. Me empezó a pegar patadas y yo no supe qué hacer. Simplemente, esperé a que algún compañero me defendiese, pero eso no sucedió.

Me quedé roto. No por el dolor de las patadas, sino porque me sentí solo, completamente solo, dentro de mi grupo de compañeros de clase. Nadie me defendió. Llegué a casa desconsolado, me encerré en el baño y me puse a llorar encima del váter. Mi madre entró muy preocupada y le conté entre sollozos lo que había sucedido. Como buena madre, se involucró y gestionó el asunto con el instituto. Al día siguiente, tuve una reunión con el famoso «Michael» y el que era mi tutor ese año, Joan.

Llegué asustado, por temor a las represalias que podría sufrir por parte del chico, pero no sé qué le dijo mi tutor, pero, desde ese momento, su relación conmigo cambió. Después de disculparse, jamás me volvió a decir nada más. No obstante, lo importante fue lo siguiente que me dijo Joan: «Miguel, tú eres un líder. Un verdadero líder. Créetelo».

Me quedé sorprendido. Nunca había imaginado algo así. Sin embargo, en ese momento, pensé que, si me lo decía, era porque algo habría visto en mí. Así que decidí creerle, y empezó a germinar una pequeña semilla en mí, empecé a sentir que sí, que tenía madera de líder. Ése fue el inicio del camino y, dos décadas después, miro hacia atrás y agradezco cada día esas palabras, porque supusieron el principio de todo lo que vino después a la hora de liderar grupos y que ahora, en este capítulo, comparto contigo, sin secretos.

4.1. Principio 13: Pon a cada uno en su lugar

> No busques ser el mejor líder, busca sacar lo mejor de quienes te rodean.

Contexto y significado de esta regla

Los seres humanos somos caprichosos. Muy caprichosos. Y para todo. También para gestionar personas. Tenemos una serie de expectativas sobre lo que tienen que ser las relaciones, los roles y los grupos. Es bastante probable que, al leer el título de este principio, hayas pensado que es algo peyorativo, que tiene una connotación negativa. Nada más lejos de la realidad. Este principio tiene que ver con reconocer la singularidad de cada persona y, una vez identificada esa fortaleza, lo cual puede requerir cierto tiempo, ubicar a la persona en el lugar adecuado. Claro que, para esto, hace falta paciencia, que muchas veces nos falta.

Recuerdo cuando fiché a una de las primeras empleadas de Productividad Feroz. Mi mano derecha se había marchado hacía poco para emprender y mentalmente me condicioné para buscar una persona que fuera exactamente igual que él y que asumiera su mismo rol. Cuando esta mujer entró, su posición abarcó gran parte de las tareas que habían quedado sin responsable. De hecho, no fue sólo eso, sino que mi proyección hacia ella era que fuera aprendiendo las diferentes habilidades para liderar todo el departamento de administración y atención al cliente.

Desde el principio, sentía que había algo de fricción. Las tareas y la comunicación no terminaban de fluir. Aun así, seguía empeñado en mantener su rol y sus funciones. Incluso iba aumentando poco a poco sus responsabilidades y la amplitud de su alcance en la empresa, movido únicamente por mi idea preconcebida sobre la empresa y sus posiciones, sin tener en cuenta en absoluto las características de la persona en concreto. Mi error cada vez era más y más grande.

Pasados unos meses, se produjo lo inevitable. Esta persona explotó, no con una rabieta ni con malas maneras, ni mucho menos, sino que emocionalmente colapsó. Al principio, me mantuve en mi error y continué atribuyendo la responsabilidad a la falta de eficacia y el bajo rendimiento de esa persona. Evidentemente, con esta perspectiva, no contribuí a mejorar la situación. Al contrario, hubo un punto en el cual, en cuanto a productividad y también gestión emocional, se convirtió en algo casi insostenible.

Y ahí sí que por fin reaccioné en la dirección adecuada. Empecé a comprender que no es la persona la que se tiene que adaptar a cada puesto de trabajo, sino que es el puesto de trabajo el que se tiene que adaptar a la persona. Y, cuando haces esto, empieza la magia. Reconsideré sus funciones. Entendí que, en concreto, por su perfil y personalidad, esta persona funcionaba mejor en un cargo de ejecución que en un cargo de gestión y dirección. Creamos en conjunto los procedimientos para readaptar su puesto de trabajo en la empresa, y, de forma automática e inevitable, todo comenzó a rodar. Con facilidad. Con buen humor. Con productividad.

Por tanto, y para mí esto fue una gran lección de influencia, para poder liderar a otros, primero asegúrate de dedicar el tiempo suficiente a descubrir sus talentos, sus habilidades y sus puntos fuertes y, después, diseña su rol en función a ello, no al revés, como suele ser la fórmula habitual. Por supuesto, es un proceso que nunca cesa. Las personas evolucionan y, en consecuencia, su rol también debe evolucionar.

Creencias limitantes que sustituir y nuevas creencias que implantar

- «No necesito descubrir el rol de cada persona, ellos mismos deberían saberlo.» → «Al comprender y designar roles, puedo potenciar las fortalezas individuales y mejorar la dinámica del equipo.»
- «Es demasiado trabajo averiguar el lugar adecuado para cada individuo.» → «Invertir tiempo en identificar el lugar adecuado para cada individuo mejora la eficiencia y la cohesión a largo plazo.»
- «Si alguien no encaja desde el principio, no es adecuado para el equipo.» → «Cada persona puede necesitar un tiempo y una orientación distintos para encontrar su lugar; la paciencia y el apoyo pueden revelar talentos ocultos.»
- «El orden jerárquico tradicional es el único que funciona.» → «Las estructuras flexibles y adaptativas pueden ser igualmente efectivas y permiten una mayor innovación y adaptabilidad.»
- «Centrarme en otros podría hacer que pierda mi posición o mi influencia.» → «Al elevar y apoyar a otros, consolido mi posición como un líder comprensivo y colaborativo.»
- «Las personas no pueden cambiar o adaptarse a nuevos roles.» → «Con el apoyo adecuado y el entorno propicio, las personas pueden descubrir y adaptarse a roles que quizás nunca consideraron.»

Preguntas poderosas para que reflexiones

- ¿Qué fortalezas he observado en cada miembro del equipo y cómo puedo aprovecharlas mejor?
- ¿Qué oportunidades podría estar perdiendo al no considerar las habilidades individuales de cada persona?
- Si pudiera diseñar el equipo ideal, ¿cómo sería y qué papel desempeñaría cada persona?
- ¿Qué *feedback* o retroalimentación puedo buscar para entender mejor las aspiraciones y fortalezas de cada miembro?
- ¿Qué temores o preocupaciones tengo sobre la adaptabilidad y cómo puedo abordarlos para el beneficio del equipo?
- ¿Cómo puedo fomentar un ambiente donde cada miembro se sienta valorado y en el lugar correcto?

Pepitas de oro para que las apliques en tu día a día

- **Evaluaciones de fortalezas**. Se trata de herramientas diseñadas para identificar las habilidades innatas y las áreas de destreza de cada persona, por ejemplo, el conocido test DISC. La idea detrás de estas evaluaciones es que, al conocer nuestras fortalezas, podemos enfocar nuestro trabajo y desarrollo personal hacia áreas donde naturalmente sobresalimos, lo que implica más productividad y felicidad laboral.
- **Reuniones uno a uno**. Son encuentros individuales entre un líder y un miembro de su equipo. Estas reuniones son esenciales para establecer una comunicación clara, entender las aspiraciones y preocupaciones del empleado y ofrecer retroalimentación. Además,

brindan un espacio seguro para que el empleado comparta sus ideas, inquietudes y objetivos a corto y largo plazo.

- **Fomentar la autonomía**. Esto significa confiar en las capacidades de los miembros del equipo para tomar decisiones y gestionar sus tareas de manera independiente. Esto no sólo aumenta la responsabilidad y el compromiso del empleado hacia el trabajo, sino que también le permite desarrollar habilidades de liderazgo y toma de decisiones. Eso sí, es importante permitir que, en esa expansión de la autonomía, la persona se equivoque y pueda aprender de ello.
- **Plan de carrera**. Para que una persona esté motivada, necesita que la visión de su futuro sea cristalina y, obviamente, mejor que su presente. Por eso es imprescindible que cada empleado sepa qué camino puede seguir para avanzar y crecer dentro de la organización. Además de las mejoras económicas previstas con base a los objetivos, también debe incluir el crecimiento en otras áreas para que sea realmente atractivo.
- **Espacios de colaboración transversal**. Consiste en juntar a miembros de diferentes departamentos o equipos que habitualmente no trabajan juntos en iniciativas conjuntas. Estas colaboraciones fomentan la innovación y la creatividad y, además, tienen un efecto muy positivo mejorando la comprensión y los flujos de trabajo entre departamentos.
- **Mentoría interna**. Implica emparejar a empleados más experimentados con aquéllos menos experimentados o nuevos, para guiarlos en su proceso de desarrollo. Esto beneficia a ambas partes, puesto que, al enseñar, el mentor afianza sus conocimientos y su experiencia y, al recibir guía o formación, el tutorizado avanza mucho más rápido.

4.2. Principio 14: Ellos no trabajan para ti

> Tu equipo no trabaja para ti; tú trabajas para ellos.

Contexto y significado de esta regla

Llevo años ayudando a personas de todo tipo a llevar sus resultados personales y profesionales a niveles estratosféricos. Uno de los grupos de personas en los que tengo más experiencia y más resultados increíbles es el de los empresarios. Siguiendo mis consejos, han conseguido incrementos de facturaciones millonarias cada año, y uno de los retos comunes que siempre destacan es la gestión del equipo: cómo motivarlos, cómo conseguir que sean productivos, pero, sobre todo, cómo lograr que les hagan caso.

Y es que me siento muy identificado con ellos cuando me preguntan por esto. Todo se remonta a mi primera contratación. Allá por 2016, me faltaban horas al día trabajando de autónomo calculando estructuras. Mi facturación empezaba a despegar y mis ojeras..., sí, digamos que cada vez eran mayores también. Pasaba muchas noches sin dormir porque empezaba a no dar abasto, así que decidí contratar a un becario. Como estaba dando clases en la universidad, contraté a un alumno mío a quien le estaba dirigiendo su proyecto final de carrera y que era un *crack*.

Así comencé mi andadura en el liderazgo de personas a nivel laboral. Tiempo después llegó otro becario, luego la primera persona en nómina y, más tarde, la segunda, la tercera... Y así fui creciendo. Lo tenía claro; veía a mi equipo de la siguiente manera: «Cada persona es una pieza del engranaje diseñado para que la empresa consiga sus objetivos». Lo voy a repetir, aunque sé que suena a verdad de Perogrullo: «Cada persona es una pieza del engranaje diseñado para que la empresa consiga sus objetivos».

¡Error!

Y tardé mucho tiempo en darme cuenta, demasiado. Y, ojo, quizá estés pensando que, efectivamente es así, que es lógico. Al final, cada persona suma para que la organización consiga el objetivo. Pasa en las empresas, en los equipos deportivos y en cualquier agrupación. Pero no, ése no es el mejor enfoque. Al menos, por mi experiencia.

Empecé a darme cuenta de cómo, con este tipo de gestión, el rendimiento cae con el tiempo y lo mismo sucede con la motivación. Pasa incluso con la conexión personal entre tú y el equipo. ¿Qué hacer entonces? Pues se trata de darle la vuelta a la frase, de girar 180 grados y de gestionar de forma completamente opuesta.

Aprendí que era justo al revés: no debes mirar a cada persona como la pieza que hace que la organización consiga los objetivos, sino que debes comprender la organización como la que hace posible que cada persona consiga sus objetivos personales en su vida. *¡Boom!*

Esto fue muy revelador para mí. Significaba empezar a preguntarme qué quería conseguir cada persona en su vida, más allá del trabajo incluso, y plantearme cómo, desde la dirección de la empresa, podía contribuir a que esa persona consiguiese esos objetivos vitales. Sólo entonces, al sentir cada persona que la organización quiere y lucha por esas metas, se produce el máximo vínculo posible entre la persona y la empresa. Por tanto, una de las labores fundamentales de un líder es ocuparse de responder la siguiente pregunta: «¿Qué quiere de la vida cada persona de mi equipo y cómo puede ayudarle la organización a conseguirlo?».

Creencias limitantes que sustituir y nuevas creencias que implantar

- «Si doy demasiado poder a mi equipo, podrían aprovecharse de la situación.» → «Si empodero a mi equipo, cultivarán un sentido de pertenencia y responsabilidad.»
- «Las personas están en la organización principalmente por el salario, no por objetivos personales.» → «Más allá del salario, las personas buscan propósito y significado en su trabajo.»
- «Es imposible alinear los objetivos personales de cada miembro del equipo con los de la organización.» → «Al entender y respetar los objetivos personales de cada empleado, podemos encontrar sinergias con los objetivos de la organización.»
- «Si muestro interés en los objetivos personales de mis empleados, podrían pensar que soy demasiado intrusivo.» → «Mostrar interés genuino en las aspiraciones de mi equipo fortalece las relaciones y la confianza.»
- «No puedo ser amigo y líder al mismo tiempo.» → «Puedo ser un líder respetado y también cultivar relaciones significativas con mi equipo.»
- «Si empiezo a trabajar para mi equipo, perderé mi autoridad y control sobre ellos.» → «Al servir y apoyar a mi equipo, construyo y consolido un liderazgo basado en la confianza y el respeto mutuo.»

Preguntas poderosas para que reflexiones

- ¿Cómo cambiaría mi liderazgo si viera a mi equipo no como subordinados, sino como socios en la misión?

- ¿Cuál sería el impacto en la organización si cada miembro del equipo se sintiera verdaderamente valorado y comprendido en sus objetivos personales?
- ¿Estoy dispuesto a escuchar y adaptar mis estrategias basándome en las necesidades y aspiraciones de mi equipo?
- ¿Qué beneficios podría obtener la organización si todos se sintieran empoderados para seguir sus pasiones y objetivos personales en el seno de la estructura de la empresa?
- ¿Qué barreras debo superar personalmente para adoptar una perspectiva, un enfoque más servicial hacia el liderazgo?
- ¿Estoy dispuesto a desaprender algunos conceptos tradicionales de liderazgo para adoptar un enfoque más centrado en el equipo?

Pepitas de oro para que las apliques en tu día a día

- **Capacitación en habilidades blandas**. En el panorama laboral actual, las habilidades que más permiten a las personas evolucionar son la comunicación efectiva, el trabajo en equipo, la inteligencia emocional... Formar a tu equipo en este tipo de áreas permitirá un mayor desarrollo personal, un mayor deseo de crecimiento y una mayor orientación a las metas.
- **Prioriza el bienestar**. Para alcanzar grandes dosis de productividad, la salud mental y física de tu equipo es clave. Por ejemplo, uno de los cambios clave que implementé hace ya tiempo en Productividad Feroz es pagar la cuota mensual de actividad física (gimnasio, baile...) a todos los empleados. Para apoyar ese autocuidado y predicar con el ejemplo.

- **Reconocimiento y celebración**. Una de las necesidades humanas es la del reconocimiento. Nos gusta sentir que nuestro trabajo es valorado y reconocido y, también, por supuesto, que nos confirmen que estamos siguiendo el camino que la empresa ha establecido para nosotros. Pueden usarse bonificaciones concretas, pero también simples gestos de agradecimiento Todo suma para reforzar el compromiso.
- **Desarrollo de liderazgo interno**. Un líder es un creador de líderes. Ofrecer oportunidades de liderar personas, proyectos o incluso eventos concretos es un camino extraordinario para aumentar el compromiso con la organización. Debes vencer el miedo a pensar que no están lo suficientemente preparados: la mejor forma de prepararse es precisamente enfrentarse a ese tipo de circunstancias.
- **Incentivos alineados**. Asegúrate de que los incentivos y las recompensas están alineados con el crecimiento y también con el bienestar del equipo. No se trata sólo de dinero: oportunidades de formación, días libres para el cuidado personal o experiencias personalizadas pueden ser grandes ideas para apoyar la carrera individual de cada miembro.
- **Aprende a delegar**. Delegar es mucho más que repartir tareas. Es confiar en las habilidades y las capacidades de tu equipo. No sólo les das más responsabilidad, sino que les muestras que confías en su capacidad para manejarla. Eso sí, especialmente al principio, es clave ofrecer el apoyo necesario para cualquier consulta o aclaración y que se sientan sostenidos.

4.3. Principio 15: La mejor forma de influir es ser ejemplo

> La influencia más poderosa es la que se demuestra, no la que se dice.

Contexto y significado de esta regla

Te invito a reflexionar. ¿Quiénes han sido las personas que más te han influido en tu vida? Anótalas. Sin embargo, lo verdaderamente importante es esto: ¿por qué te han influido? Estoy convencido de que hay diferentes patrones comunes en todas ellas y, sin duda, uno de ellos será el que para ti ha sido ejemplo en algún ámbito de tu vida.

Porque muchas veces nos obsesionamos con aprender la última herramienta científica de comunicación no verbal que se ha descubierto que funciona para ser más influyente y nos olvidamos de los principios. Y uno de los cimientos de la influencia para grupos es, precisamente, ser ejemplo.

Cuando trabajaba en el sector del cálculo de estructuras, compartiendo la dirección de mi empresa junto con mi socio Héctor, aprendí de él la importancia de ser ejemplo. De hecho, esto impactaba no sólo en nuestro equipo, sino también en clientes, proveedores y colaboradores.

Tras mi primera etapa después de la carrera trabajando en una constructora, de la que ya te he hablado antes, reconozco que me desilusioné un poco con el mundo laboral. Comportamientos poco éticos, engaños a clientes, una gestión inexistente de las personas del equipo... Y, de algún modo, se abrió un vacío en mi interior. No tenía referentes, no sabía a quién seguir y no tenía ni idea de en quién me podía fijar para crecer.

Como ya sabes, la vida puso en mi camino a Héctor, con el que comencé a colaborar de forma tan fácil y confiable que finalmente terminamos siendo socios. ¿Sabes qué me ocurría entonces? Que a todo el mundo le hablaba de él. Que, en cada conversación con amigos, su nombre salía. ¿Y por qué? Porque su comportamiento, según mi punto de vista, claro está, era ejemplar.

En primer lugar, era una persona que escuchaba y que además, enseñaba de forma muy didáctica. A nivel profesional era íntegro, ético, honesto. Era exigente con los demás, pero primero era exigente consigo mismo. Decía lo que hacía y hacía lo que decía. No engañaba a nadie, tampoco a sí mismo. Practicaba la coherencia.

¿Y qué pasa cuando hoy día uno es coherente? Que destaca, porque hay poca gente así. Y que gusta, porque, en cierto sentido, todos aspiramos a eso. Y, por este motivo, genera influencia. Por tanto, ésta es sin duda una de las estrategias más eficaces que existen para que te hagan caso y, más, en grupo.

Héctor era un líder para el equipo: todos le respetaban, pero no por miedo, sino por admiración. Héctor era un líder para sus clientes: aunque obviamente el cliente busca su propio beneficio, eran fans de él y de su forma de hacer las cosas. Y Héctor también era un líder para los colaboradores: sabían que ir de la mano con él era garantía en todos los aspectos, porque se podía confiar al cien por cien.

Así que, de eso se trata: ante tu equipo, tu familia, tu organización..., ¿eres inspirador para ellos?, ¿tus comportamientos hacen que seas una guía para ellos? Eso es ser ejemplo.

Creencias limitantes que sustituir y nuevas creencias que implantar

- «No soy lo suficientemente bueno como para ser un ejemplo que seguir.» → «Cada persona tiene su propia luz y valor único; al ser auténtico y hacer lo mejor que puedo, naturalmente me convierto en un modelo que seguir para alguien.»

- «Las personas no prestan atención a lo que hago, sólo a lo que digo.» → «Mis acciones hablan más fuerte que mis palabras y crean un impacto duradero en quienes me rodean.»
- «No tengo suficiente experiencia o conocimiento para influir mediante el ejemplo.» → «Cada una de mis acciones, independientemente de mi experiencia, puede inspirar y motivar a otros.»
- «No tengo el impacto o la visibilidad suficientes como para que mi ejemplo marque la diferencia.» → «Cada pequeño acto puede tener un efecto dominó. Mi influencia puede ser más amplia de lo que me doy cuenta.»
- «Si actúo de cierta manera esperando influir, podrían pensar que soy pretencioso o falso.» → «Al ser auténtico y actuar desde el corazón, mi genuinidad se mostrará y resonará con los demás.»
- «Mi entorno no se da cuenta de los pequeños actos de integridad, así que ¿para qué esforzarme?» → «Los actos de integridad son valiosos por sí mismos y cultivan mi carácter. Con el tiempo, la consistencia de mis acciones inspirará a otros, incluso si no lo notan de inmediato.»

Preguntas poderosas para que reflexiones

- ¿Cuál ha sido un momento en el que, sin darme cuenta, mi comportamiento o mi decisión ha impactado positivamente a alguien?
- ¿Qué obstáculos internos me impiden verme a mí mismo como un modelo que seguir y cómo puedo superarlos?

- ¿Qué cualidades admiro en otros que ya poseo en mí mismo?
- ¿Cómo cambiaría mi comportamiento diario si supiera que alguien está observándome como modelo a seguir?
- ¿Qué es lo que deseo que los demás aprendan o adopten de mí?
- ¿En qué áreas de mi vida me siento más auténtico y cómo puedo ampliar esa autenticidad a otros aspectos?

Pepitas de oro para que las apliques en tu día a día

- **Ayuda a otros**. Una de las formas más rápidas de ganarse el respeto y la admiración de los demás es ofrecer ayuda sin esperar nada a cambio. Se trata, por tanto, de ser honesto, de conectar con la contribución, con el servicio a los demás. Y, por supuesto, llevarlo a la práctica con acciones sencillas que demuestren esa orientación a la ayuda: ofrece asistencia, colabora en procesos creativos o simplemente escucha a quien lo necesite.
- **Narra tu proceso**. El viaje es más impactante que el destino final. Cuando hables con tu entorno, no expliques simplemente lo que has logrado: céntrate en detallar todo el camino, con las dudas, las anécdotas, las dificultades y cómo pudiste con todo ello.
- **Explica tus errores**. Aceptar y aprender de los errores es un signo de madurez y humildad. Cuando algo no salga como esperabas, en lugar de esconderlo, analízalo y comparte lo que has aprendido, cómo lo superaste y cómo planeas evitarlo en el futuro.
- **Tu *checklist* para ser ejemplo**. Tener una lista de comportamientos concretos diarios te ayudará a man-

tenerte alineado con tus valores y aspiraciones. Crea esa lista de compromisos diarios, que tendrán que ver con hábitos para desarrollarte personalmente, disciplina, servicio hacia el resto..., ¡y cúmplela!

- **Interésate por los demás**. Éste es uno de los aprendizajes más relevantes que extraje de mi lectura de *Cómo ganar amigos e influir sobre las personas*.[4] La frase completa es ésta: «Interésate más por los demás que por ti mismo». Mostrar interés genuino por los demás no sólo fomenta relaciones más fuertes, sino que también te posiciona como un líder empático. Así que dedica tiempo para conocer a las personas a nivel personal, haz preguntas abiertas, organiza reuniones informales y muestra que realmente te importa su bienestar.
- **Experimenta**. Salir de tu zona de confort y probar cosas nuevas muestra valentía y una mentalidad de crecimiento. Toma riesgos calculados en tu trabajo o en tu vida personal, aprende una nueva habilidad, viaja a un lugar desconocido o simplemente cambia tu rutina diaria. Comparte tus experiencias y lo que aprendiste de ellas. Verás que este comportamiento inspira a tu entorno.

4.4. Principio 16: Tienes que sentir que perteneces a algo

> La felicidad no se encuentra sólo en el éxito personal, sino en saber que somos esenciales para un propósito colectivo.

4. Carnegie, Dale, *Cómo ganar amigos e influir sobre las personas*, Elipse, Barcelona, 2023.

Contexto y significado de esta regla

Una de las principales necesidades humanas es la de conexión. Nos encanta estar (a gusto) con personas y, por supuesto, con personas afines. Seguramente hayas escuchado alguna vez que los polos opuestos se atraen. ¡Vaya mentira nos han intentado colar! Dime si alguna vez te ha sucedido lo siguiente: acabas de conocer a alguien, apenas han pasado 20 o 30 segundos y ya has pensado «¡Madre mía! ¡Me encanta esta persona...!». ¿Sabes por qué te pasa eso? ¡Porque se parece a ti!

O sea que lo primero es eso: nos encantan las personas afines. La afinidad de la familia, de los equipos de fútbol, de los partidos políticos, de las tribus urbanas... Nos sentimos más conectados con aquellas personas con las que tenemos puntos en común. Y, de algún modo, buscamos pertenecer a esos grupos, porque nos gusta esa sensación de pertenencia.

Recuerdo que, en esos vaivenes de adolescencia, cuando vas buscando configurar tu identidad, a mí me sucedió también. Tocaba la guitarra en el conservatorio, escuchaba música pop, pero no me terminaba de identificar con nada. Hasta que un buen amigo me pasó un CD de *heavy metal*. Tengo que reconocer que me llamó la atención, pero tampoco es que a la primera me encantase.

Aun así, me puse a investigar, a leer y a escuchar más... Y me di cuenta de que ser *heavy* no era sólo escuchar música *heavy*. Era una forma de vestir, de hablar, de relacionarse y de ver el mundo. De manera inconsciente, mi mente entendió que, si me hacía *heavy*, empezaría a pertenecer a «algo». Y así fue. Me duró un tiempo, durante el que mis padres tuvieron que «sufrir» (porque detestaban ese estilo de música) las canciones que ponía en la minicadena de mi habitación. Pero, durante ese tiempo, sentía que era parte de algo más grande que yo y eso me hacía sentir bien, como a cualquier ser humano.

Visto con perspectiva, es algo que sucede ahora, por ejemplo, con mis trabajadores en Productividad Feroz. Gran parte de ellos fueron primero alumnos y, cuando terminaron su formación, muchos de ellos me escribían: «Quiero trabajar contigo». Sin embargo, realmente, más que trabajar por trabajar, querían y quieren, pertenecer al movimiento, porque mi empresa, más que una empresa, es un movimiento que cambia vidas.

Y eso gusta, llama la atención. Es entonces cuando ya no vas a trabajar únicamente por dinero o, dicho de otra forma, mejor incluso: es entonces cuando ya no te vas por dinero. Te quedas, además de porque estás bien pagado, porque la sensación de que formas parte de un movimiento es muy difícil de encontrar ahí fuera. Eso te llena, porque ya no sólo sacias la necesidad de conexión, sino que, además, conectas con un propósito de contribución más elevado.

El sentido de pertenencia es una de las herramientas más potentes para potenciar tu organización, equipo deportivo o grupo de amigos. Te lanzo la siguiente pregunta de reflexión: «¿Podría existir un carné de "socio" de tu organización, que fuera un orgullo para el que lo tuviera?».

Creencias limitantes que sustituir y nuevas creencias que implantar

- «Las personas que buscan sentirse parte de algo más grande sólo están tratando de llenar un vacío personal.» → «Las personas que buscan sentirse parte de algo más grande están explorando una conexión profunda y enriquecedora con otros y con un propósito mayor.»

- «La verdadera satisfacción proviene del reconocimiento individual y no del éxito colectivo.» → «El reconocimiento individual es gratificante, pero el éxito colectivo brinda una alegría compartida y duradera.»
- «La idea de pertenecer a algo más grande suena bonita, pero en la práctica, cada uno va por su cuenta.» → «Cuando nos unimos con un propósito común, el poder del colectivo puede superar cualquier obstáculo individual.»
- «No soy lo suficientemente bueno como para ser parte integral de algo más grande.» → «Todos somos esenciales a nuestro modo y, cuando aporto al bien común, mi impacto se multiplica.»
- «Pertenecer a un grupo significa comprometer mis propias metas y mis sueños.» → «Ser parte de un grupo me da una perspectiva más amplia y me permite fusionar mis sueños con los de otros para lograr un impacto mayor.»
- «No se puede confiar en que los demás tengan el mismo nivel de compromiso o pasión.» → «Al rodearme de personas apasionadas, puedo inspirar y ser inspirado para alcanzar un compromiso más profundo y significativo.»

Preguntas poderosas para que reflexiones

- ¿Cómo se alinean tus objetivos y valores personales con la misión y visión del equipo o grupo al que perteneces?
- Como líder, ¿cómo estás comunicando la visión más grande del equipo a cada miembro?
- ¿Qué estrategias estás utilizando para asegurarte de que cada individuo se siente esencial dentro de la misión colectiva?

- ¿Cómo estás demostrando con tu propio ejemplo la importancia de pertenecer y contribuir a algo más grande?
- ¿Qué estás haciendo para fortalecer la cultura de equipo y fomentar un genuino sentido de pertenencia?
- ¿Qué estás haciendo para asegurarte de que los logros colectivos sean celebrados y valorados tanto como los individuales?

Pepitas de oro para que las apliques en tu día a día

- **Genera espacios de convivencia en el día a día.** Es fundamental cultivar un (muy) buen ambiente en el día a día. Lo esencial es que los miembros del equipo tengan la oportunidad de interactuar en un ambiente relajado y no estrictamente profesional. Estos espacios pueden ser cosas tan simples como las pausas para el café, momentos especiales para compartir anécdotas, un ritual de ir «de cañas» una vez a la semana o breves dinámicas antes de comenzar la jornada.
- **Haz jornadas de *team building*.** Opta por actividades fuera de la oficina, como retiros, deportes o juegos de equipo. El objetivo es doble: por un lado, pasarlo bien y divertirse y, por otro, ayudar a los miembros a confiar más entre sí y a trabajar juntos hacia un objetivo común.
- **Ritual de bienvenida.** Cada vez que un nuevo miembro se una al equipo, es fundamental que se sienta bienvenido y valorado desde el principio. Establece un ritual, puede incluir una presentación formal, un recorrido por las instalaciones, un almuerzo grupal o un pequeño detalle de bienvenida. Estos gestos no sólo hacen sentir bien al nuevo integrante, sino que refuerzan la cultura del equipo.

- **Explica e insiste en el propósito grupal**. Para que las personas sientan que pertenecen a algo más grande, deben comprender y conectar emocionalmente con el propósito colectivo. En reuniones o momentos estratégicos, recuerda y reafirma cuál es ese propósito, la misión del equipo, y cómo cada uno contribuye al logro de ese objetivo superior.
- **Celebraciones colectivas**. Cuando el equipo alcance un logro o supere un desafío, celebradlo juntos. Estas celebraciones pueden variar desde un reconocimiento verbal hasta una pequeña fiesta o evento. Lo importante es que todos sientan que son parte del éxito y que su aporte es esencial.
- **Define los valores del equipo**. Los valores actúan como el pegamento que une a un equipo. Junto con tu grupo, define y consolida un conjunto de valores que guíen sus acciones y decisiones. Estos valores deben ser visibles, ya sea en pósteres, documentos o cualquier medio que el equipo consulte regularmente y deben ser reiterados y practicados constantemente.

4.5. Principio 17: Haz que vinculen vulnerabilidad y valentía

> El líder que se muestra vulnerable es el que inspira confianza, porque nos muestra que es humano, al igual que nosotros.

Contexto y significado de esta regla

Era un martes del mes de agosto de 2022. Abrí la puerta cerrada con llave de mi oficina en el centro de Alicante. No debía haber nadie ese día. Los martes se trabaja desde casa. Por eso, me llevé un pequeño susto cuando vi a Luisa en su ordenador. Noté algo extraño, pero disimulé y me hice un poco el loco. Me acerqué a chocar la mano a modo de saludo y me senté.

Mientras revisaba mi bandeja de correo en el portátil, de vez en cuando levantaba ligeramente la mirada hacia su mesa. Y allí estaba Luisa, bastante más seria de lo habitual, como si pasase algo. Sentía que debía intervenir, aunque, por otro lado, siempre he sido bastante amigo de permitir que cada cual experimente y sienta las emociones que desee, dejando espacio para que pueda dejarlas ir por uno mismo.

Aun así, me levanté a por un café y, de vuelta a mi sitio, le pregunté desde lejos: «¿Qué tal, Luisa? ¿Cómo vas? ¿Todo bien?». No respondió. La miré y empezó a llorar. Cuando me acerqué a ella, empezó a decir: «No debería llorar. Lo siento. Siento comportarme así». Le respondí que, por supuesto que «debía llorar», si es lo que sentía.

Me reconoció que le avergonzaba llorar delante de mí, que no estaba bien, pero yo le dije que admiraba que lo hiciera, que estaba demostrando una gran valentía y coraje, y eso la empezó a tranquilizar. Simplemente me puse a su lado, en posición de comprensión, de escucha, de sostén, y, poco a poco, se fue abriendo. Llevaba tiempo pasándolo mal por la relación profesional con un compañero de oficina (que, por cierto, ya no está desde hace tiempo) y no sabía cómo gestionarlo.

La escuché. La abracé. Y le di las gracias. Por abrirse, por permitirse emocionarse, por quitarse la vergüenza y liberarse. Para mí fue una gran lección. ¿Cuántas veces no nos permitimos expresar lo que sentimos, especialmente delante de una figura de autoridad, jerarquía o liderazgo? ¿Cuántas veces reprimimos nuestras emociones y dejamos que se acumulen, haciéndose bola hasta que, después, explotamos?

Gracias a su confianza pude ser más consciente del problema que ya había desde hace tiempo en la empresa debido a ese compañero. Hasta ese momento, le había dado menos importancia de la que tenía, porque tampoco parecía tan relevante. Pero, claro, una vez «sientes» las emociones de los demás, tu percepción cambia.

Por eso, es clave que seas muy directo y claro con esto: las emociones son todas buenas, no hay positivas y negativas. Hacerle ver a tu equipo que una de las características del liderazgo es precisamente tener la capacidad de mostrarte vulnerable es clave para que las personas destapen cualquier tapón emocional y se permitan mostrarse tal y como son, tal y como se sienten.

Evidentemente, no es inmediato. Requiere tiempo y esfuerzo, y necesita que se mantenga la mente abierta. Sin embargo, un atajo directo es que tú, como líder, también te muestres vulnerable. Recuerda, como te he contado hace un par de principios, para que confíen en ti y te hagan caso, uno de los primeros pasos es ser ejemplo.

Creencias limitantes que sustituir y nuevas creencias que implantar

- «Los líderes deben ser siempre fuertes y no mostrar debilidad.» → «Los auténticos líderes reconocen y comparten sus emociones, creando conexiones más profundas.»
- «Las personas no respetarán a alguien que muestra sus fallos o inseguridades.» → «Al mostrar mis fallos e inseguridades, inspiro a otros a aceptarse y a crecer a través de sus propios desafíos.»

- «Si muestro vulnerabilidad, será más difícil establecer autoridad.» → «La vulnerabilidad me permite establecer una autoridad basada en la confianza y el respeto mutuo, no en el miedo.»
- «La vulnerabilidad es sinónimo de inseguridad.» → «La vulnerabilidad es un acto de valentía que demuestra autoconocimiento y autenticidad.»
- «Si soy completamente transparente sobre mis fallos y miedos, podrían usarlo en mi contra más adelante.» → «Al ser transparente sobre mis fallos y miedos, creo un ambiente donde todos se sienten libres para aprender y crecer.»
- «Si soy vulnerable, pierdo la autoridad moral para corregir a otros.» → «Ser vulnerable me otorga la empatía y el entendimiento necesarios para guiar a otros con comprensión y efectividad.»

Preguntas poderosas para que reflexiones

- ¿Qué miedos te detienen a mostrarte vulnerable ante tu equipo?
- ¿Recuerdas una vez que alguien se mostró vulnerable contigo? ¿Cómo te hizo sentir eso hacia esa persona?
- ¿Qué historias o creencias necesitas soltar para abrazar plenamente la vulnerabilidad en tu liderazgo?
- ¿Qué crees que ganarías personalmente al permitirte ser más vulnerable?
- ¿Cómo cambiaría tu relación con tu equipo si ambos os mostrarais más vulnerables?
- ¿Cómo podría influir tu vulnerabilidad en la autenticidad y confianza de tu equipo?

Pepitas de oro para que las apliques en tu día a día

- **Habla de tus peores momentos.** El verdadero liderazgo implica compartir no sólo tus triunfos, sino también tus fracasos. Al hablar abiertamente de tus desafíos, errores y momentos difíciles, demuestras humanidad y autenticidad. Estas confesiones pueden generar empatía y confianza entre los miembros del equipo, ya que ellos también enfrentan desafíos en su vida. Además, al compartir cómo superaste esos momentos difíciles, puedes inspirar y motivar a otros, mostrando que es posible crecer y aprender a partir de las adversidades.
- **Dedica tiempo a las conversaciones difíciles.** Evitar los conflictos o problemas sólo los agrava con el tiempo. Al enfrentarse directamente a los problemas y mantener conversaciones difíciles, demuestras que te importa resolver los conflictos y construir un equipo más fuerte. Estas discusiones, aunque incómodas, son esenciales para la claridad, la comprensión y la resolución de tensiones.
- **Crea un ambiente seguro.** Un líder vulnerable busca que su equipo se sienta seguro al expresar sus opiniones, temores, ideas y preocupaciones. Esto implica fomentar un espacio donde no se juzgue ni se ridiculice ni se penalice la sinceridad. Si los miembros del equipo sienten que pueden ser ellos mismos, sin temor a represalias, es más probable que compartan sus ideas y preocupaciones, lo que puede conducir a soluciones más innovadoras y al fortalecimiento del sentido de pertenencia y confianza en el grupo.
- **Realiza sesiones de reflexión.** Dedica tiempo regularmente a que el equipo se reúna y comparta cómo se sienten, a qué desafíos están enfrentándose y cómo

pueden apoyarse mutuamente. Estas sesiones no sólo fomentan la empatía y la comprensión entre los miembros del equipo, sino que también proporcionan una oportunidad para reflexionar colectivamente sobre cómo mejorar y crecer juntos.

- **Pide ayuda**. Asumir que debes tener todas las respuestas o soluciones es una carga innecesaria. Al pedir ayuda o sugerencias, no sólo estás aligerando tu carga, sino que también estás valorando y confiando en la experiencia y las habilidades de tu equipo. Además, esto puede fomentar un ambiente de colaboración y cohesión.
- **Reconoce tus emociones**. Ser líder no significa reprimir o ignorar tus emociones. Al reconocer y expresar cómo te sientes, estás mostrando que es válido tener emociones y que éstas pueden ser una parte esencial del proceso de toma de decisiones. Al ser transparente sobre tus sentimientos, estás invitando a los demás a hacer lo mismo, lo que puede llevar a una comunicación más abierta y sincera.

4.6. Principio 18: Practica la transparencia radical

> La claridad nace de la transparencia y, con ella, las soluciones emergen.

Contexto y significado de esta regla

Uno de mis puntos débiles siempre fue no atreverme a hablar claro. Y, por eso, llevo mucho tiempo entrenando el comunicar aquello que creo, pienso y siento, sin paños calientes. Y algo habré mejorado, porque si le preguntas a alguien de mi equipo por esto, te dirá que no me cuesta decir lo que creo, siento y pienso, a pesar de que pueda no ser bien recibido. De hecho, intuyo que si le preguntas a alguien de mi equipo por esto te dirá que no me cuesta decir lo que creo, siento y pienso, a pesar de que pueda no ser bien recibido.

Sin embargo, para mí siempre ha sido una prioridad el mantener altos niveles de transparencia en mis empresas. A corto plazo es doloroso, pero, a largo plazo, llegan a suceder cosas mágicas. Cuando todo el equipo adopta este mensaje, desaparece paulatinamente el miedo y la empresa se instaura en una cultura de comprensión y amor.

Cuando me dedicaba al cálculo de estructuras, Antonio era nuestro mejor ingeniero en la empresa. Lo fiché tras conocerle siendo mi alumno mientras daba clases en el máster en Ingeniería de Caminos, Canales y Puertos de la Universidad de Alicante. Aunque la primera vez que le ofrecí trabajo lo rechazó, pues él ya estaba trabajando en otro lugar, a la segunda conseguí que viniese y comenzara con nosotros.

Desde el principio su rendimiento fue extraordinario, tanto que le íbamos dando más responsabilidad, más proyectos, mejores condiciones... Hasta que se convirtió en alguien absolutamente imprescindible en ese momento para nuestra empresa. Cuando sucede eso, es cierto que es aconsejable quitarte el apego, porque sólo te hace sufrir, pero inconscientemente siempre está el miedo al día en el cual esa persona te diga: «Miguel, tenemos que hablar».

Y, por supuesto, como ya intuías, ese día llegó. Un caluroso jueves del mes de agosto en Alicante, nada más llegar a la oficina, Antonio nos buscó a mi socio Héctor y a mí y nos dijo las temidas palabras: «Miguel, Héctor, tenemos que hablar». Y, una hora más tarde, estábamos bajando a la cafetería más cercana para tener esa aparentemente incómoda conversación.

Y sí, la conversación iba por donde creíamos que iba a ir. Antonio nos dijo: «Me han ofrecido esta cantidad en otra empresa, para otro puesto diferente, en este caso, de gestión y dirección. Es más de lo que me pagáis aquí, mis funciones serán otras distintas y me atrae mucho por el perfil del puesto. Por otro lado, aquí estoy muy, muy, muy a gusto. La cuestión es que no sé qué hacer. Y, por eso, os pido una cosa: quiero que me aconsejéis, pero no como jefes, sino como amigos».

Mi primera reacción, a nivel de pensamiento, fue la siguiente: «Qué mala pata, cómo se nos vaya va a ser muy, muy delicado buscar un sustituto. Ostras, no quiero que se vaya». Pero, por otro lado, sentí que ese puesto le podía ayudar a crecer en su camino profesional, así que le dije: «Creo que debes marcharte. Y, como amigo, te animo a ello». Héctor le dijo exactamente lo mismo y fíjate que tanto su petición como nuestras respuestas no venían marcadas por el miedo, no había máscara. Todo fue transparente al cien por cien. Y fue bonito sentir esa confianza mutua de decir lo que uno siente, sin tapujos.

Antonio, al final, se quedó con nosotros por decisión propia. Y seguimos, obviamente, con la cultura de la transparencia radical.

Creencias limitantes que sustituir y nuevas creencias que implantar

- «La transparencia puede llevar a conflictos innecesarios.» → «La transparencia promueve la comprensión y la resolución proactiva de conflictos antes de que escalen.»
- «La transparencia es una utopía; en la práctica, nunca funcionaría.» → «La transparencia de nuestras acciones es auténtica y fortalece la confianza, creando organizaciones más resilientes.»

- «No todos están preparados para manejar la transparencia, podría ser abrumador para algunos.» → «Con la orientación adecuada y la cultura de apoyo, la transparencia puede empoderar a todos los miembros del equipo a contribuir de manera significativa.»
- «Las estructuras tradicionales de jerarquía y comunicación existen por una razón y desafiarlas es arriesgado.» → «Desafiar estructuras tradicionales con transparencia puede revelar nuevas formas más eficientes y colaborativas de trabajar juntos.»
- «Los empleados podrían sentirse inseguros si se les muestra demasiado sobre los desafíos y problemas de la empresa.» → «Cuando los empleados están informados de los desafíos, se sienten más confiados para contribuir a las soluciones y afrontar los retos juntos.»
- «Demasiada transparencia puede llevar a debates interminables y a la parálisis por análisis.» → «La transparencia equilibrada con una dirección clara y un propósito compartido lleva a decisiones más informadas y alineadas.»

Preguntas poderosas para que reflexiones

- ¿Qué podríamos lograr como organización si todos tuviéramos acceso a la misma información?
- Si tuviéramos total transparencia hoy, ¿qué decisiones se tomarían de manera diferente?
- ¿Cómo podemos garantizar que la transparencia no se convierta en una sobrecarga de información?
- Si supieras que no serías juzgado o castigado, ¿qué información compartirías hoy que podría beneficiar a la organización?

- ¿Qué oportunidades emergen cuando cada individuo tiene total visibilidad de los objetivos y desafíos de la organización?
- ¿Cómo podría cambiar nuestro proceso de *feedback* al ser completamente transparentes?

Pepitas de oro para que las apliques en tu día a día

- **Informe de errores**. Se trata de un documento compartido con el equipo donde se registra cualquier error que ocurre en un proyecto o proceso. Además, es clave indicar quién ha sido el responsable del error, qué impacto ha tenido en cuanto al consumo de recursos o la experiencia de cliente y, sobre todo, qué solución se propone para que en el futuro no se repita el error.
- **Documenta procesos y decisiones**. Asegúrate de que las decisiones y los procesos estén documentados y sean accesibles. Esto evita la desinformación y fomenta la responsabilidad. Así todo el mundo puede consultarlo, no se pierde tiempo en preguntar y cada persona fomenta su autorresponsabilidad al tener toda la información a su alcance.
- **Sesiones de preguntas y respuestas**. Dedica tiempo regularmente a que los empleados hagan preguntas abiertas a la dirección sobre cualquier tema. Se pueden hacer con una frecuencia mensual, por ejemplo, o tras eventos importantes para la organización.
- **Evaluación 360**. Es un método de evaluación en el que los empleados son evaluados por sus compañeros pares, superiores y subordinados. Para ello, debes diseñar un cuestionario que evalúe áreas clave de desempeño y habilidades blandas y debes asegurarte de que las respuestas sean anónimas para fomentar la honestidad.

- **Tableros de ideas transparentes**. Se trata de herramientas visuales que muestran el progreso, ideas y responsabilidades de un proyecto o iniciativa. Puedes usar herramientas como Trello o Asana y debes alentar a todos los miembros del equipo a contribuir y monitorear el tablero.
- **Reuniones *stand-up* diarias**. Son reuniones breves en las que los miembros del equipo comparten lo que hicieron el día anterior, lo que harán ese día y los obstáculos a los que se enfrentan. Hay que establecer un horario fijo para estas reuniones, preferiblemente al inicio del día laboral, y limitar la duración (por ejemplo, 15 minutos) para que sean concisas.

Liderazgo al oído

Para profundizar aún más en los contenidos de este capítulo, he grabado un audio muy potente para ti:

Capítulo 4: Lo que hacemos en mi empresa Productividad Feroz para tener un equipo feliz

Para poder acceder al audio, sólo tienes que escanear este código QR o entrar en la siguiente dirección web:

<www.influenciadeimpacto.es/audios-piramide>

5

Hablar en público: cómo se transforman los corazones

El cuarto y último escalón de la pirámide de la influencia es hablar en público. La influencia definitiva se alcanza cuando eres capaz de liderar audiencias gracias al arte de la palabra.

No hay nada más gratificante que impactar en la vida de las personas. Hay muchas formas de hacerlo, pero la que destaca sobre todas ellas es, sin duda, el hacerlo a través de la comunicación. Y, claro, cuando se hace a varias personas a la vez, se multiplica. Y, cuando se hace a muchas, muchas, muchas personas a la vez, el sentimiento interno es indescriptible. Aquí entra en juego el poder de la oratoria.

¿Cómo te haría sentir poder conquistar a grandes audiencias? ¿Cómo suena para ti el poder influir en la vida de las personas a través de tus palabras? ¿Te imaginas convertirte en un referente para los demás? ¿Cómo puedes volverte inolvidable para el mundo? Sin lugar a duda, la mayor herramienta en el camino de la influencia es la comunicación en público. Si la dominas, tus ingresos económicos y tu plenitud interior serán estratosféricos.

Las personas siempre me felicitan cuando me ven hablar en público. Piensan que es una habilidad que me viene de serie, que siempre he sido así. Pero no, nada más lejos de la realidad. Con treinta y cuatro años, he hablado delante de audiencias enormes, de miles y miles de personas y, aunque ahora lo disfruto, quiero que sepas que soy exactamente igual que tú, también tengo miedos y resistencias internas. Así que la buena noticia que te quiero transmitir es que, con conocimiento y entrenamiento, todo eso se puede superar.

Mi primera vez «hablando en público» nunca se me olvidará. Fue en tercero de primaria y nuestra maestra, Vicenta, nos pidió que, en grupos, representáramos delante del resto de la clase un telediario. Enseguida me asusté. Ostras, ¡tenía que exponerme delante del resto de compañeros de clase! Rápidamente diseñé una estrategia para mitigar mi miedo. Me pedí ser el hombre del tiempo, así saldría al final, el último, y, además, les dije a mis padres que me compraran unas gafas de «Bartolo», para que no se me vieran mis ojos y así que mis compis se pudieran centrar y reír por mi aspecto. Era una manera de desviar la atención de mis palabras con humor.

Llegó el día y, tras las noticias de actualidad, las entrevistas, las conexiones en directo y los deportes..., llegó mi turno. ¡Qué mal lo pasé! Casi no sabía qué decir. Menos mal que mis gafas de «Bartolo» tuvieron el efecto que busqué y, afortunadamente, todo pasó muy rápido. En ese momento, te puedo asegurar que no me imaginaba que mi vida profesional pudiera ir encaminada a la comunicación en público.

Sin embargo, así ha sido, es y será. Amo comunicar en público. Es una de las profesiones más bonitas que existen y, ojo, no hace falta que te dediques profesionalmente a esto. No. En cualquier contexto, saber hablar bien en público es garantía de autoridad, de influencia, de liderazgo y de confianza. Es una palanca brutal hacia tu crecimiento personal y tu crecimiento profesional. Ahora, estás a punto de descubrir todos los secretos, a punto de conocer la magia para impactar, como nunca antes, en la vida de las personas. Disfrútalo.

5.1. Principio 19: El miedo es sólo una ilusión

> El 99 por ciento de mis problemas nunca llegaron a suceder.

Contexto y significado de esta regla

Pronunciaron mi nombre. Estaba sentado en la segunda fila del auditorio y supe que ya no había marcha atrás. Todo el esfuerzo de un año entero se debía ver reflejado en el escenario o... eso esperaba yo. Habían sido doce meses muy duros con mi proyecto final de carrera. Doce meses en los que me aislé, me angustié, pasé más de doce horas diarias delante del ordenador, peleándome con cálculos, planos y plazas de aparcamiento... Un proyecto que, como buen proyecto final de carrera, nunca vio la luz en la vida real.

Subí las escaleras intentando controlar mis nervios y, cuando empecé a hablar, al instante, me noté la boca seca, por lo que empecé a preocuparme diciéndome que enseguida se me notaría al hablar. Sin embargo, la cosa se complicó aún más, porque mientras hacía la introducción del proyecto, mi pierna derecha se empezó a mover. Empezó a temblar como nunca y no había forma de detenerla. Así que seguía hablando, mientras internamente todo se me movía.

En la sala había más de cien personas, puesto que estaban muchos familiares y amigos de los alumnos que ese día terminábamos la carrera. A mi derecha, los cinco profesores que conformaban el tribunal. Más serios que en un entierro, sin ninguna intención de hacerme sentir cómodo. Y, entre la audiencia, escuchándome atentamente, estaban mis padres, mi hermana melliza, mi pareja de entonces y varios amigos muy cercanos. No quería defraudar a nadie, especialmente a mis padres, que siempre tenían unas altas expectativas sobre mí.

Fueron quince minutos que se hicieron eternos. El temblor de la pierna derecha no frenó. La sequedad en mi boca, tampoco. ¿Y mis pensamientos durante la exposición, especialmente cuando miraba al frío tribunal?: «¿Estaré a la altura? ¿Qué pensarán de mí? ¿Pensarán que no sé de lo que hablo? ¿Alguien se reirá de mí? ¿Me quedaré en blanco...?». Y así constantemente.

Terminé mi exposición y me hicieron varias preguntas. Salí del paso, respondí a todo. Y, cuando el presidente del tribunal intervino, por fin, respiré tranquilo: «Miguel, nunca había visto a alguien presentar con tanta convicción, hablar tan bien en público, demostrar tantísima seguridad. Te felicito no sólo por el trabajo realizado durante el año, sino especialmente por la exposición. Has estado brillante».

Te puedes imaginar mi satisfacción. Pero ahí estaba escondido, además, un gran regalo. En ese momento, me di cuenta de cómo todos nuestros miedos son simplemente una ilusión, un mecanismo que tiene nuestra mente para protegernos ante lo que considera un peligro, en este caso de fracasar, pero que no son reales.

De hecho, voy más allá. Esta sensación de miedo, de incertidumbre, de nervios... es fantástica. De algún modo, también significa que estás a punto de hacer algo importante. Si no, no la sentirías así. Por eso, a mí mismo, que desde ese día he salido al escenario a hablar en público más de mil veces, me digo lo siguiente: «El día que vaya a hablar en público y no sienta una especie de tensión interna antes de comenzar, me preocuparé, porque significará que lo que voy a hacer no me importa lo suficiente».

Creencias limitantes que sustituir y nuevas creencias que implantar

- «La gente que dice que el miedo es una ilusión no ha experimentado lo que yo siento.» → «Cada persona experimenta el miedo de una manera única, pero todos tenemos la capacidad de superarlo y crecer a través de él.»
- «Las veces que no me preocupé, las cosas salieron mal.» → «Cada experiencia es una oportunidad para aprender, me preocupe o no; la preocupación no controla el resultado.»
- «Siempre tengo que estar preparado para lo peor.» → «Me preparo para diferentes escenarios, pero confío en mi capacidad de adaptación y resiliencia ante lo inesperado.»
- «Es mejor sobrepensar y estar preparado que ser sorprendido desprevenido.» → «La preparación es valiosa, pero soltar y confiar en el proceso me permite enfrentar desafíos con una mente clara.»
- «Mi miedo me protege de cometer errores en público.» → «Los errores son oportunidades para aprender y crecer. No necesito el miedo para protegerme, tengo mis habilidades y experiencia.»
- «Mis miedos son más reales de lo que la gente piensa.» → «Reconozco y valido mis sentimientos, pero también entiendo que puedo elegir cómo reaccionar ante ellos.»

Preguntas poderosas para que reflexiones

- ¿Cómo sería mi vida si no tuviera este miedo?
- ¿Cuándo fue la última vez que superé un miedo y que aprendí de esa experiencia?

- ¿Qué consejo le daría a un amigo que tuviera este mismo miedo?
- ¿Qué oportunidades podría estar perdiendo debido a este miedo?
- ¿Cómo cambiaría mi percepción si viera este miedo como una oportunidad de crecimiento en lugar de un obstáculo?
- Si pudiera verme a mí mismo desde el futuro, después de haber superado este miedo, ¿qué consejo me daría?

Pepitas de oro para que las apliques en tu día a día

- **Conoce el lugar**. Si es posible, visita el lugar donde hablarás antes del evento. Familiarizarte con el entorno puede reducir la ansiedad: su distribución, la acústica y el tamaño de la sala. Te recomiendo que, si puedes, hagas una prueba con todo el equipo técnico y las diapositivas, para evitar sorpresas desagradables durante tu intervención.
- **Práctica controlada**. Antes de la presentación real, practica en un ambiente controlado, como tu hogar o una sala de reuniones. Pide a amigos o colegas que observen y te den retroalimentación. Te recomiendo, además, que recrees una situación que se asemeje al evento real, con distracciones potenciales y posibles interrupciones, para estar preparado.
- **Escribe qué es lo peor que podría pasar**. Anotar tus temores te ayuda a visualizarlos y a menudo te das cuenta de que no son tan malos como los imaginabas. Una vez que hayas listado tus miedos, escribe soluciones o medidas preventivas para cada uno. Al enfrentarte mentalmente a estos escenarios, reduces la sor-

presa y el impacto emocional si algo no sale según lo planeado.

- **Preparación, preparación y preparación.** Repite tu presentación varias veces hasta que te sientas cómodo con el contenido. Es útil también que te prepares para variar el discurso si es necesario, dependiendo de las reacciones del público o el tiempo disponible. Y, además, siempre es útil tener datos adicionales o ejemplos en caso de que surjan preguntas o discusiones.
- **Ánclate a tierra.** Realiza respiraciones profundas antes y durante tu charla para mantener la calma y la claridad mental. Como truco adicional, mantener una postura firme, con los pies bien plantados en el suelo, te da una sensación de estabilidad. Imagina que estás conectado con la tierra por raíces que salen de tus pies. Esto te proporciona una sensación de estar centrado y equilibrado.
- **Define un punto amigable.** Antes de empezar, identifica a alguien en el público con quien te sientas cómodo (un amigo, un colega o incluso un rostro simpático). Si te sientes nervioso durante la presentación, vuelve tu mirada a esa persona. Esa familiaridad te dará un respiro y te ayudará a retomar la confianza. No te quedes mirando sólo a ese rostro amigable: úsalo como una herramienta de apoyo, pero asegúrate de seguir interactuando con toda la audiencia.

5.2. Principio 20: Que tu conocimiento esté siempre diez veces por encima de lo que hables

> Para iluminar a otros con tus palabras, primero debes encender la antorcha de tu sabiduría.

Contexto y significado de esta regla

Desde hace varios años, dedico parte de mi tiempo a impartir cursos. En algunos, las sesiones duran una o dos horas, pero muchos otros son de varios días consecutivos, desde las nueve de la mañana a las nueve de la noche. A mí me encantan, se me pasa el tiempo volando, y a mis alumnos, también. Pero es bastante común que se repita una duda entre los asistentes, y algunos me la hacen plantear: «Miguel, ¿cómo te puedes aprender de memoria el contenido de tres días seguidos sin parar de hablar? Te tiene que resultar muy difícil, ¿no?».

Pues... ni una cosa ni la otra. Veamos, es muy sencillo. No necesito aprenderme nada de memoria, porque hablo de lo que hago, de lo que tengo integrado en mi vida desde hace años. Ese contenido ya forma parte de mí. No hay nada que estudiar, ni repasar.

Esto que acabo de compartir contigo es una gran revelación con respecto a la ciencia y el arte de hablar en público y, como ahora verás, es un requisito que te obliga a subir de nivel, permanentemente. Lo que te quiero transmitir es que, cuando hables de algo, la forma para impactar, para sonar auténtico, para que la gente confíe en ti es que no sólo debes dominar la temática que hablas. No, no es suficiente con eso.

La clave está en mirar hacia arriba, dentro de la temática de la que vayas a hablar y, en ese campo de conocimiento, tienes que ver los diez niveles superiores y convertirte en la persona que más sabe sobre ellos. La magia aparece cuando no sólo dominas lo que hablas, sino también dominas todo el conocimiento que va por encima de lo que hablas.

Simplifiquemos. Imagina a un profesor de matemáticas que enseña fracciones. Para esa persona es muy sencillo explicarlo, porque su campo de conocimiento sobre las matemáticas es muy vasto. Pues tú debes tener el mismo objetivo, la misma sensación de solvencia cognitiva en cada cosa de la que hables, especialmente, en público.

Recuerdo la primera vez que impartí un curso donde hablaba de creencias limitantes. Era 2018 y llevaba tan sólo desde 2016 aprendiendo sobre crecimiento personal, creencias, pensamientos, emociones... Aunque en ese momento di todo lo que tenía dentro, sabía que tenía mucho por mejorar. Y ojo, de creencias y sistemas de pensamiento ya sabía mucho. Pero me quedaba mucho por aprender sobre la evolución de la consciencia, el trabajo cerebral, el sistema nervioso y más campos de estudio que están por encima del campo de las creencias.

Desde ese momento hasta ahora, me he obsesionado por aprender sobre esos campos superiores y, por tanto, cuando ahora hablo en un curso sobre creencias, para mí es como si estuviera explicando sumas y restas. No sólo porque lo tengo integrado al cien por cien en mi vida, sino especialmente porque he consolidado todo el conocimiento que hay por encima.

Así pues, el reto está claro: *superfórmate*. Conviértete en una bestia de aprender conocimiento especializado por encima de aquello de lo que vayas a hablar. Proyectarás seguridad y te ganarás rápidamente la confianza de tu público.

Creencias limitantes que sustituir y nuevas creencias que implantar

- «Hay demasiado que aprender y no tengo tiempo ni recursos para hacerlo.» → «Cada día es una oportunidad para aprender algo nuevo y cada pequeño aprendizaje suma a mi crecimiento.»
- «Nunca seré tan bueno como los expertos en el tema.» → «Con dedicación y esfuerzo continuos, puedo alcanzar con el tiempo superar el nivel de los expertos.»
- «Si intento aprender tanto, terminaré abrumado y no sabré nada a la perfección.» → «El aprendizaje es un viaje y es más valioso el proceso que la perfección. Aprenderé paso a paso, construyendo un conocimiento sólido.»
- «Aunque tenga sabiduría, no soy lo suficientemente elocuente para transmitirla.» → «Mi autenticidad y pasión por el tema son tan importantes como la elocuencia. La práctica me hará cada vez mejor comunicador.»
- «Las personas a las que no les interesa el conocimiento profundo sólo quieren respuestas rápidas.» → «Siempre habrá personas que valorarán la profundidad y el entendimiento genuino. Es para ellas que deseo compartir lo que sé.»
- «Tener un conocimiento profundo puede hacerme parecer pretencioso o inaccesible.» → «La profundidad de mi conocimiento se reflejará en la humildad con la que lo comparto, haciéndome más accesible y respetable.»

Preguntas poderosas para que reflexiones

- Si tuviera todo el tiempo y los recursos del mundo, ¿cómo me gustaría prepararme para hablar sobre este tema?
- ¿Quiénes son los expertos en este campo y qué puedo aprender de su trayectoria y experiencias?
- ¿Qué significaría para mí dominar realmente este tema y ser un referente en el mismo?
- ¿Cómo puedo equilibrar la profundidad del conocimiento con la habilidad de hacerlo accesible para mi audiencia?
- ¿Cómo puedo convertir el proceso de aprendizaje y preparación en algo disfrutable y no en una tarea?
- ¿Cómo me sentiría si, después de cada charla, alguien se me acercara para decirme cuánto ha aprendido o cuánto ha sido inspirado por lo que compartí?

Pepitas de oro para que las apliques en tu día a día

- **Dedica un tiempo diario a tu formación**. Al igual que cualquier habilidad, el conocimiento se construye con tiempo y constancia. Al dedicar un momento diario a aprender, aseguras un progreso continuo y una retención efectiva de la información. Para ello, bloquea un hueco específico en tu horario para estudiar. Puede ser tan corto como veinte minutos o tan largo como varias horas, dependiendo de tu disponibilidad y objetivos.
- **Método Feynman**. Esta técnica, así en honor al físico Richard Feynman, implica enseñar un concepto como si estuvieras explicándoselo a un niño. Si te encuentras con dificultades para simplificarlo, es

probable que no lo entiendas lo suficientemente bien. Regresa al material, investiga y vuelve a intentarlo.

- **Usa mapas mentales**. Los mapas mentales te permiten organizar visualmente la información, lo que facilita la conexión entre ideas y conceptos. Al finalizar un capítulo de un libro o una lección en línea, crea un mapa mental de los puntos clave. Usa colores, símbolos y ramificaciones para interconectar ideas.
- **Lee los 25 libros más vendidos sobre esa temática**. Los libros más vendidos sobre un tema suelen ser una mezcla de contenido de alta calidad, ideas innovadoras y una presentación accesible. Haz una lista de los 25 libros más recomendados o vendidos en tu área de interés. Establece un cronograma y dedica un tiempo específico para leer cada día. Toma notas de los puntos clave.
- **Estudia a la competencia**. Conocer a la competencia te da una perspectiva sobre las tendencias actuales, lo que está funcionando y dónde podrías innovar. Escribe una lista de los principales representantes o expertos en tu campo. Investiga sus trabajos, publicaciones, metodologías y opiniones. Busca puntos comunes y diferencias.
- **Círculos de estudio**. Estudiar en grupo te permite aprender desde diferentes perspectivas y compartir recursos valiosos. Forma o únete a un grupo de estudio con personas interesadas en el mismo tema. Establece reuniones regulares, ya sea en persona o virtualmente. Asigna temas, discute conceptos, realiza preguntas y comparte recursos.

5.3. PRINCIPIO 21: NO SE TRATA DE TI, SE TRATA DE ELLOS

> Recuerda que no es tu luz la que debe brillar, sino la que enciendes en los demás.

Contexto y significado de esta regla

Cuando en el año 2017 comencé a impartir conferencias y cursos de forma profesional, fue un sueño hecho realidad. Ya llevaba algún tiempo impartiendo conferencias de forma *amateur*, generando así algún ingreso extra, pero a partir de mayo de ese año empecé a ingresar varios miles de euros cada mes sólo gracias a los cursos.

Y era curioso. Había alcanzado un gran objetivo que me había propuesto tiempo atrás, pero, a la vez, el impartir las conferencias me generaba una gran cantidad de sufrimiento. Ya te he hablado hace un par de principios sobre el miedo. De algún modo, el miedo seguía apareciendo. Miedo a qué pensarán, miedo a ser juzgado y rechazado, miedo a no estar a la altura de lo que la gente espera de mí.

Ostras. Era realmente sorprendente. Una de las grandes fuentes de sufrimiento en mi vida estaba precisamente en lo que más me gustaba hacer. Como te puedes imaginar, eso me agotaba. Terminaba cada conferencia, cada curso, completamente exhausto, física y mentalmente, y tardaba varios días en recuperar mi nivel de energía.

Como siempre he sido un obseso de la formación, empecé a buscar soluciones a este problema a través del aprendizaje. Hice cursos de hablar en público, leí libros, contraté mentores..., pero yo seguía sufriendo ¡incluso más! Porque sentía la presión de «Miguelito, con la pasta que te has gastado, ya deberías aprender a no pasarlo mal en el escenario».

Hasta que un día, conectando con mi interior, quitándome cualquier tipo de máscara, en una bonita dinámica frente a un espejo, todo se reveló ante mí. Fue precioso. Lo recuerdo como si estuviese sucediendo mientras te escribo estas líneas. Me miré a los ojos y reconocí que, hasta ese momento, mientras estaba hablando en público, toda la atención la estaba centrando en mí. Mis miedos, mi guion, mis expectativas... ¿Qué pasaría si dejaba de poner el foco en mí y empezaba a ponerlo en mi público?

Era un gran cambio. Significaba, literalmente, olvidarme de mí mientras hablaba. No permitir ni un solo pensamiento egocéntrico. Significaba centrarme exclusivamente en cada persona que tuviera delante.

Y así lo hice. Comencé ese cambio de enfoque. No fue fácil, dado que mi cableado interno estaba habituado a mirar hacia dentro y no hacia fuera. De hecho, por este motivo, y para recordarme la importancia de centrarme en los demás, que son los verdaderos protagonistas cuando hablamos en público, hice algo curioso. Cada vez que salía al escenario, debajo de la planta de mi pie derecho, en el calcetín, colocaba una pequeña piedra. Así, al caminar y sentir la piedra, me recordaba que lo importante eran ellos, no yo. Y así lo hice durante meses, hasta que lo integré al cien por cien.

Cuando hablas a los demás, no se trata de ti. Se trata de ellos. Consiste en volcarte con todo tu ser a su servicio, conectando con sus emociones, entregándote a sus necesidades, sirviendo a su crecimiento a través de tus palabras. ¡Ah! Y, por supuesto, cuando lo haces desde ahí, el cansancio desaparece, la energía fluye y el *flow* es inevitable.

Creencias limitantes que sustituir y nuevas creencias que implantar

- «El público quiere un líder fuerte en el escenario, no alguien que los sitúe en el centro.» → «Un líder fuerte empodera y eleva a su audiencia, haciendo que se sientan centrales y valorados.»
- «Tengo miedo de que, al centrarme en el público, desvíe la atención de mi mensaje.» → «Al conectarme genuinamente con la audiencia, mi mensaje resonará aún más profundamente.»
- «No estoy aquí para hacer sentir bien a los demás, estoy aquí para transmitir mi mensaje.» → «Transmitir mi mensaje y hacer sentir bien a la audiencia no son mutuamente excluyentes; de hecho, al hacer sentir bien a la audiencia, mi mensaje será más efectivo.»
- «Sólo se considera un éxito si la gente habla de mí después de la presentación.» → «El verdadero éxito es cuando las personas aplican y se benefician de lo que compartí, independientemente de si hablan de mí o no.»
- «Mi trabajo es informar o educar, no inspirar o empoderar a la audiencia.» → «A través de la educación y la información, tengo la oportunidad de inspirar y empoderar a la audiencia, haciendo que mi impacto sea aún más duradero.»
- «Hacer que el público participe o se sienta involucrado puede desviarse de la estructura o el objetivo de mi presentación.» → «Involucrar al público enriquece la experiencia y puede brindar perspectivas valiosas que refuercen mi presentación.»

Preguntas poderosas para que reflexiones

- ¿Cuál es el verdadero propósito de mi presentación: que me recuerden a mí o que recuerden y apliquen el mensaje?
- ¿Cómo quiero que se sienta la audiencia después de escucharme?
- ¿Qué puedo hacer para asegurarme de que cada persona en la sala se sienta vista, escuchada y valorada?
- ¿Estoy dispuesto a adaptar mi presentación en tiempo real según las necesidades y reacciones de la audiencia?
- ¿Qué historia o ejemplo podría compartir que haga que mi mensaje sea más inspirador y significativo para mi audiencia?
- Si estuviera en el lugar de la audiencia, ¿qué querría aprender o llevarme de esta charla?

Pepitas de oro para que las apliques en tu día a día

- **Siente su emoción**. Cuando alguien del público te pregunte o, simplemente, mientras estés hablando, conecta visualmente y, además, intenta sentir la emoción que intuyes que puede estar sintiendo esa persona. Esto te dará más capacidad de empatía y automáticamente sentirás más conexión con esa persona del público.
- **Crea tu anclaje de recordatorio**. Al igual que yo utilicé la piedrecita en el pie derecho para recordarme la importancia de los demás, utiliza un anclaje para el mismo fin. Puedes copiar mi truco o escoger una pulsera, una vibración en tu reloj, una sonrisa en las notas de tu atril...

- **Investigación previa**. Antes del evento, investiga quiénes serán tus oyentes. ¿Qué cargos ocupan? ¿Cuál es su nivel de conocimiento sobre el tema? ¿Qué preguntas podrían tener? Esta información te ayudará a ajustar tu contenido y tu enfoque para que sea lo más relevante y útil posible.
- **Interactúa con ellos**. Haz preguntas retóricas, usa encuestas rápidas, plantea escenarios para discutir en pequeños grupos, pregunta y pide que levanten la mano o invita a miembros del público a compartir sus opiniones o experiencias. La interacción rompe la monotonía y hace que la audiencia se sienta valorada.
- **Usa ejemplos concretos**. Al abordar un concepto abstracto, busca una historia o anécdota real que ilustre tu punto. Por ejemplo, si estás hablando de resiliencia, podrías compartir una historia sobre alguien que superó un desafío particularmente difícil. Y si tiene que ver contigo y, además, consigues que se sientan identificados con tu ejemplo, más efectivo será.
- **Evita jerga específica**. La terminología técnica puede confundir a quienes no estén familiarizados con ella. Siempre que sea posible, usa un lenguaje claro y sencillo. Si debes usar terminología específica, asegúrate de definirla o de proporcionar un contexto adecuado para que la audiencia comprenda. Pregúntate siempre: «¿Esta palabra es absolutamente necesaria o hay una manera más sencilla y clara de expresar la idea?».

5.4. Principio 22: Para conectar, recuerda que eres un ser humano

> Ser auténtico en el escenario significa aceptar que, al igual que todos, eres perfectamente imperfecto.

Contexto y significado de esta regla

Cuando comencé a hablar en público varias veces por semana, de forma profesional, no me sentía merecedor del éxito que tuve desde el principio. Por los miedos que te contaba en los principios anteriores, encontré la forma de protegerme a través de una máscara. La máscara de mostrarme indestructible, perfecto, seguro.

Recuerdo que, en una de mis primeras conferencias, en Barcelona, al terminar, hubo un hombre que se acercó a mí y me dijo: «¡Te voy a llamar el General Navarro!». En un primer momento, aquello me hizo gracia, pero más tarde me invitó a la reflexión interior. ¿Por qué ese mote? ¿Qué estaba transmitiendo a mi audiencia?

Y reconocí que estaba aparentando ser quien no era. Mostrando una autoridad, fuerza y seguridad que eran forzadas. Pero, ojo, funcionaban, porque los comentarios eran buenos. Cuando me mostraba desde el escenario con esta máscara, vendía y mucho. Sin embargo, lo más importante no estaba en orden, me estoy refiriendo a mí. Sentía que no había coherencia, sentía que era encender el micro y dejaba de ser «Miguelito» para convertirme en el «General Navarro».

Tuve que romper muchas creencias limitantes y tuve que aprender a mostrarme vulnerable, de lo que ya te he hablado en el capítulo sobre gestionar grupos de personas, pero, sobre todo, aprendí que a las personas les gusta ver que, aquéllos que hablan en público, también son personas, que son igual de reales que ellos.

El *boom* de las redes sociales, el efecto Instagram, la cultura de la aspiración..., todo esto nos ha hecho creer que, si aparentas ser perfecto, todo te va a ir mejor, que si muestras o hablas de tus debilidades, serás menos inspirador para los demás. Pero es justo al contrario. Si hablas de tus dificultades, de tus retos, de tus desafíos y de tus momentos bajos, los demás verán en ti a alguien real y también verán más asequible lograr tus resultados, por lo que, en consecuencia, serás mucho más estimulante para tu público.

Yo no hablaba de mis debilidades porque pensaba que me quitaba autoridad, pero no: mostrar esa parte de ti, mostrarte humano, te da (mucha) autoridad. Desde entonces, y quienes os habéis formado conmigo lo sabéis, cuento muchos de mis momentos difíciles, hablo de mis defectos... ¡y me encanta compartirlos! Porque ahora siento al cien por cien que no tengo ninguna necesidad de esconder nada. Que no hay nada más atractivo que mostrarse tal y como uno es. Y que no hay nada que enganche más que la coherencia entre lo que eres, lo que piensas, lo que dices y lo que haces.

Así que, si tuviera que dar un consejo para hablar en público, aunque dar uno solo es complicado, entre los cinco principales, sin duda, pondría que seas «real», que seas tú mismo, con tus luces y con tus sombras, porque en la época del postureo irreal en la que vivimos, las personas quieren escuchar a gente que sea de carne y hueso.

Creencias limitantes que sustituir y nuevas creencias que implantar

- «Si muestro mis imperfecciones, la gente pensará que no soy competente.» → «Si muestro mis imperfecciones, la gente me verá como una persona auténtica y se identificará conmigo.»
- «La gente viene a ver soluciones, no a escuchar sobre mis problemas.» → «La gente viene a ver soluciones y entender que todos nos enfrentamos a problemas les da esperanza y conexión.»
- «Si admito que no tengo todas las respuestas, ¿por qué alguien me escucharía?» → «Admitir que no tengo todas las respuestas muestra mi humanidad y abre la puerta para aprender juntos.»
- «Tengo que mantener una fachada perfecta para que la gente me tome en serio.» → «Mantener una fachada es agotador; ser auténtico me permite conectar de verdad y ser más eficaz en mi mensaje.»
- «Mis desafíos personales no son relevantes para el tema o propósito de la presentación.» → «Mis desafíos personales aportan una perspectiva única que puede enriquecer la presentación y la experiencia de la audiencia.»
- «Mostrar mi verdadera personalidad podría alejar a ciertas personas o hacer que me juzguen.» → «Al mostrar mi verdadera personalidad, atraeré a las personas correctas y a aquéllas que se identifiquen con mis valores y mi autenticidad.»

Preguntas poderosas para que reflexiones

- ¿Cómo sería mi presentación si dejara de intentar ser perfecto y simplemente fuera yo mismo?

- ¿Qué parte de mi historia personal podría impactar más en mi público y enriquecer mi mensaje?
- ¿Qué pasaría si un miembro del público viera en mi historia un reflejo de la suya?
- ¿En qué momentos me siento más conectado con mi público y qué estoy haciendo o diciendo en esos momentos?
- ¿Qué parte de mí siento que no puedo mostrar en el escenario y qué pasaría si lo hiciera?
- ¿Qué máscaras llevo puestas y qué sucedería si me las quito en el escenario?

Pepitas de oro para que las apliques en tu día a día

- **La foto de la infancia**. Esta técnica puede ser especialmente efectiva si estás hablando de tu pasado, sobre la superación personal o acerca de la importancia de recordar nuestras raíces. Puedes comentar lo que estabas pensando o sintiendo en el momento de la foto o sobre cómo han cambiado tus perspectivas desde entonces.
- **Comparte un secreto**. Al comienzo de tu presentación, comparte algo que nunca hayas dicho en público. Puede ser ligero o profundo, pero que sea algo verdadero. Sí que es importante que prepares el contexto, para subir las expectativas y también para que enlace bien con el contenido de tu presentación.
- **Un objeto personal**. Lleva contigo un objeto que tenga un significado personal especial. Puede ser un libro, una joya, una carta. Comparte su historia y la razón por la que es significativo para ti. Si además tiene relación con algo grabado en nuestro subconsciente, como un familiar o el colegio, generará más impacto aún.

- **Cronograma de tu vida**. Crea una línea de tiempo visual con los puntos altos y bajos de tu vida. No necesitas profundizar en cada punto, pero puedes compartir algunos momentos cruciales para mostrar tu humanidad. También permitirá que tu audiencia visualice tu trayectoria y crecimiento.
- **Lista de aprendizajes**. Crea y comparte una lista de las principales cosas que has aprendido en el último mes o año. Mostrar tu compromiso constante con el aprendizaje puede inspirar a otros a hacer lo mismo. Haz hincapié en los teóricos fracasos que te han llevado a esos aprendizajes para conectar más intensamente.
- **La presentación al revés**. En lugar de empezar con una introducción y terminar con una conclusión, invierte el orden. Presenta tu conclusión o punto principal primero y luego trabaja en retroceso para mostrar cómo llegaste allí. Esto no sólo rompe la estructura tradicional y capta la atención, sino que también te da la oportunidad de mostrarte muy auténtico al compartir el proceso tras desvelar el final.

5.5. Principio 23: Las historias te harán inolvidable

> Con cada historia que compartes, abres una ventana a un mundo donde tus oyentes pueden verse a sí mismos.

Contexto y significado de esta regla

En mi camino de comunicador he tenido muchos retos. Algunos de ellos ya te los he contado. Sin embargo, el mayor reto al que tuve que enfrentarme al principio cuando me subía al escenario era el de conectar a un nivel profundo con mi público. Es cierto que la audiencia admiraba mi forma directa de hablar, mi capacidad de síntesis, de explicarlo todo de manera concisa y clara..., pero yo sentía que había un vacío entre las personas y yo. Algo que debía aprender a llenar.

En primer lugar, parte del proceso para mejorar la conexión tuvo que ver con algo que te he compartido en el principio 21: poner el foco al máximo en los demás y no en ti, pero, en segundo lugar, hubo un elemento decisivo, un elemento que está a tu alcance y que va a multiplicar tu capacidad de emocionar a la audiencia: el poder de las historias.

¿Te gustaría saber en qué momento de mi vida descubrí la importancia de aprender a contar historias? Pues vamos allá. Recuerdo que fue una tarde nublada, acababa de salir de trabajar en la oficina, estaba harto... ¡Ey! Que esto último me lo he inventado, pero ¿te das cuenta de cómo con tan sólo el breve inicio de una historia he conseguido captar tu atención?

Contar historias es parte del ser humano. Desde tiempos remotos, los cuentos, las leyendas y las anécdotas han sido los vehículos que le han dado a la humanidad, generación tras generación, las bases de su identidad cultural e histórica e incluso conocimientos para la misma supervivencia. Esta herramienta que, por ejemplo, está tan integrada en los procesos educativos de los niños, forma parte nuclear de nuestra biología y por eso es tan efectiva a la hora de hablar en público.

Entonces, como ves, nuestro cerebro lleva desde el principio de los tiempos aprendiendo a través de la narración de historias. Prueba de ello son los cientos de pinturas rupestres con las que nuestros antepasados compartían su visión del mundo. Estos dibujos pasaron a cobrar vida después a través de las palabras, cuando los miembros de una tribu se reunían en torno a una hoguera para compartir conocimientos. Y esto generaba aprendizaje y cercanía.

La potencia, por tanto, de contar historias está en la conexión emocional que se genera. ¿Y qué ventaja tiene ese impacto emocional? Que se recuerda, que se graba en la memoria. Y así te convertirás en inolvidable para tu audiencia.

Seducir con tus historias es mucho más sencillo de lo que crees. Simplemente sigue un patrón lógico de introducción, nudo y desenlace, como si se tratase de un cuento. Incorpora el suspense, las sorpresas, los detalles, la emoción que viviste y, sobre todo, cuéntalo de forma natural, sin necesidad de fingir nada.

De cualquier anécdota personal puedes sacar una historia... Una de las que cuento en mis cursos de formación que más impacto y recuerdo genera parte de una noche que mi padre vino a cenar a mi casa, ¡y compartimos una humilde tortilla de patatas al microondas mientras hablábamos de la vida! Así que no se trata de contar historias épicas, se trata de contar historias reales. Reales, como la vida misma.

Creencias limitantes que sustituir y nuevas creencias que implantar

- «Mis historias no son lo suficientemente interesantes o relevantes como para compartir.» → «Todas las historias tienen un valor y la mía puede resonar y ayudar a alguien en la audiencia.»
- «La gente quiere datos y hechos, no cuentos.» → «Los datos y hechos se comprenden mejor y se recuerdan cuando están integrados en una narrativa coherente.»
- «No soy buen narrador, así que mejor me centro en presentar de la forma tradicional.» → «La narración

es una habilidad que puedo desarrollar con práctica y autenticidad.»
- «Contar historias puede ser percibido como una pérdida de tiempo en una presentación.» → «Las historias son herramientas poderosas para captar la atención y hacer que un mensaje perdure en la mente del oyente.»
- «Si comparto mis historias, podrían pensar que soy egocéntrico.» → «Compartir experiencias personales de forma adecuada muestra vulnerabilidad y crea conexión con la audiencia.»
- «Las historias son para oradores motivacionales, no para mi tipo de presentación.» → «Todo tipo de presentación se beneficia de la humanidad y que una historia bien contada puede aportar.»

Preguntas poderosas para que reflexiones

- ¿Qué anécdotas o vivencias personales puedo utilizar para ilustrar mis puntos clave?
- ¿Qué emociones quiero evocar en mi audiencia a través de mis historias?
- ¿Cómo puedo estructurar mis historias para mantener la atención y el interés de la audiencia?
- ¿Cómo puedo equilibrar datos y hechos con narrativa personal en mi presentación?
- ¿Cómo puedo practicar y perfeccionar mis habilidades de narración para lograr un impacto más profundo?
- ¿Qué recursos audiovisuales, como imágenes o vídeos, pueden complementar mis historias y hacerlas más impactantes?

Pepitas de oro para que las apliques en tu día a día

- **Utiliza los cinco sentidos**. Al narrar tu historia, involucra a la audiencia a través de los sentidos. Describe cómo se ve, se escucha, se siente, se huele y se saborea lo que está sucediendo en la historia. Esto ayudará a la audiencia a imaginarse la escena y a conectar emocionalmente con ella.
- **Construye tensión**. La tensión en una historia mantiene a la audiencia interesada y expectante. Crea un conflicto o un desafío que los personajes deben superar. A medida que desarrollas la historia, aumenta la tensión antes de resolverla de manera satisfactoria.
- **Varía tu tono y tu ritmo**. Modula tu voz de acuerdo con la emoción y el ritmo de la historia. Utiliza un tono más suave y lento para momentos emotivos o reflexivos y un tono más enérgico y rápido para momentos de acción o emoción. Sé auténtico a la vez que interpretas un papel de actor o actriz de tu propia historia.
- **Profundiza en los detalles**. Los detalles vívidos hacen que la historia sea más real y cautivadora. Describe los elementos clave de la escena, los rasgos de los personajes y los objetos relevantes. No te excedas, pero agrega suficientes detalles para que la audiencia pueda visualizar la historia.
- **Comienza con una anécdota intrigante**. El inicio de tu historia es crucial para captar la atención de la audiencia. Comienza con una anécdota intrigante, un incidente inusual o una pregunta que despierte la curiosidad de tu audiencia desde el principio.
- **Mantén la concisión**. Evita divagaciones innecesarias que puedan diluir la fuerza de tu historia. Mantén la historia enfocada en su mensaje principal y evita des-

viarte demasiado. La concisión es clave para mantener la atención de la audiencia.

5.6. Principio 24: La esperanza es el motor para la acción

> El verdadero poder de un discurso está en iluminar futuros.

Contexto y significado de esta regla

Voy a contarte un secreto. Espero que quede entre tú y yo. Cuando era pequeño, mi sueño era ser presidente del gobierno. Con ocho o diez años, me encantaba ver los típicos debates políticos en el Congreso. Me imaginaba a mí, de mayor, hablando a una audiencia grande de personas, explicando, desde mi punto de vista entonces, cómo podían mejorar sus vidas. Siendo un transmisor de esperanza para ellos.

Y, bueno, no he sido presidente del gobierno. Al menos, de momento. Pero sí que llevo años hablando a cientos, miles de personas, de manera presencial y online, para que tengan una vida mejor. Una vida mejor gracias a mejorar su productividad, su liderazgo, su gestión económica... En definitiva, hago una simple cosa que, por simple que sea, hay que hacerla bien: transmitir esperanza.

Sí, así de simple y de difícil a la vez, mi labor es transmitir esperanza a la gente. Hacerles ver que, efectivamente, sí, su vida puede ser mejor en todos sus ámbitos, que está en su mano, que depende de ellos y, sobre todo, que son capaces de hacerlo.

Dicho así, podríamos pensar que es algo peligroso o que puede ser vender humo. Y, bueno, si ya me conoces, creo que no hace falta que explique esto, pero, por si las moscas, que quede claro: no se trata de transmitir esperanza porque sí, no se trata de decirle a la gente que todo irá bien y ya está. No.

Se trata de efectivamente tener la capacidad de mostrar a los demás el camino. Con herramientas, con métodos, con datos, ¡con el ejemplo!, para que su mente consciente e inconsciente se dé cuenta de que es capaz, para que conecten con la posibilidad de un futuro mejor, no únicamente a través de la emoción, sino también a través de la razón.

El poder de la esperanza ha cambiado el mundo muchas veces y lo seguirá haciendo. Es un arma peligrosa. Grandes personajes de la historia han utilizado este recurso, a veces para bien... y a veces para mal. Por eso siempre insisto en ejercer una influencia y liderazgo éticos, honestos y dirigidos al bien común por encima del bien individual. En tus manos está inspirar como nunca antes lo has hecho. Seguramente, si tienes hijos, ya practicas esta poderosa estrategia con ellos, aunque sea de forma inconsciente. Cuando tienen miedo, les das esperanza, y eso les hace sentir bien y evolucionar.

Empieza a hacer lo mismo con tu equipo, tu familia, tus amigos, tu entorno: sé un generador de esperanza. Siembra ilusión en el futuro de los demás, hazles ver lo que son capaces de conseguir. Una persona puede cambiar el mundo dando esperanza a la gente, tú puedes cambiar tu mundo haciéndolo. Sé un creador de visiones futuras atractivas para tu entorno y dibújales el camino para conseguirlo. Haz que, mientras te escuchen, conecten con un futuro más atractivo. Eso te convertirá en alguien a quien no querrán dejar de escuchar.

Creencias limitantes que sustituir y nuevas creencias que implantar

- «La gente no necesita esperanza, sólo hechos y datos.» → «La esperanza complementa los datos y hechos, creando una narrativa más poderosa.»
- «Hablar de un futuro mejor es engañoso.» → «La visión de un futuro mejor es un faro que guía hacia soluciones efectivas.»
- «La gente quiere soluciones inmediatas, no sueños a largo plazo.» → «La esperanza a largo plazo puede generar compromiso y persistencia.»
- «La esperanza es un enfoque débil.» → «Expresar esperanza no indica falta de fortaleza, sino la capacidad de ver oportunidades incluso en medio de desafíos.»
- «La esperanza es sólo para situaciones personales, no para discursos profesionales.» → «La esperanza puede ser igual de efectiva en discursos profesionales cuando se presenta de manera relevante y respaldada por evidencia sólida.»
- «No tengo experiencias inspiradoras que compartir.» → «Todos tenemos experiencias personales que, aunque pueden parecer comunes, resultan valiosas y motivadoras para otros si se presentan de manera auténtica.»

Preguntas poderosas para que reflexiones

- ¿Cómo puedo combinar los datos y los hechos con una visión esperanzadora para crear una narrativa más persuasiva?
- ¿Cuáles son los obstáculos comunes a los que las personas se enfrentan al abrazar la esperanza en situacio-

nes desafiantes y cómo puedo abordarlos en mis discursos?
- ¿Qué pasos concretos puedo ofrecer a mi audiencia para ayudarlos a avanzar hacia un futuro más positivo y esperanzador?
- ¿Cuáles son las pequeñas victorias o los pequeños avances que puedo destacar para mostrar que la esperanza puede traducirse en resultados concretos?
- ¿Qué ejemplos de líderes edificantes o figuras inspiradoras puedo citar para respaldar mi mensaje de esperanza?
- ¿Qué evidencia concreta puedo proporcionar para respaldar mi visión esperanzadora del futuro?

Pepitas de oro para que las apliques en tu día a día

- **Efecto Pigmalión**. Se refiere a la influencia positiva de las expectativas en el rendimiento de una persona. Es decir, si esperas lo mejor de alguien, es más probable que lo logre. Esto proviene del mito de Pigmalión, un escultor que se enamoró de una estatua que había creado y que, gracias a su amor y deseo, cobró vida. Al hablar en público, si demuestras a tu audiencia que crees en su capacidad para cambiar, mejorar o actuar, es más probable que lo hagan. Tu fe en ellos puede inspirarlos a superarse a sí mismos.
- **Tono de voz cálido y apasionado**. Utiliza un tono de voz cálido y apasionado. Asegúrate de que tu tono suba ligeramente cuando hables de posibilidades y oportunidades futuras. Un tono cálido puede hacer que los oyentes se sientan acogidos y valorados, creando una atmósfera de confianza. Por otro lado, un tono apasionado transmite entusiasmo, motivación y convicción. Al combinar ambos, logras un equilibrio que

conecta emocionalmente con tu audiencia, haciéndolos sentirse parte de tu mensaje y animándolos a actuar con esperanza y determinación.

- **Citas inspiradoras**. Las citas tienen el poder de encapsular grandes verdades en pocas palabras. Son como atajos hacia la sabiduría y la inspiración de grandes pensadores y líderes. Al incorporar citas inspiradoras en tu discurso, le das a tu audiencia una perspectiva más amplia y les ofreces una semilla de reflexión. Además, al citar a alguien reconocido o respetado en un campo específico, añades credibilidad a tu mensaje.
- **Establece soluciones**. Al ofrecer soluciones concretas y prácticas para el futuro, te posicionas como alguien que no sólo diagnostica, sino que también tiene un camino claro hacia la mejora. Las soluciones brindan esperanza de una forma real y tangible, ya que demuestran que los desafíos y problemas tienen respuestas y pueden ser superados.
- **Utiliza pausas**. El silencio es una herramienta poderosa en la oratoria. Las pausas permiten a la audiencia asimilar y reflexionar sobre lo que se ha dicho. Además, crean un contraste que puede acentuar puntos importantes y añadir énfasis a ciertas partes de tu discurso. Una pausa bien colocada puede captar la atención, dar peso a tus palabras y permitir un momento de reflexión colectiva, haciendo que tu mensaje resuene con mayor profundidad.
- **Muestra resiliencia**. Al compartir historias de resiliencia, ya sean personales o de terceros, inspiras a tu audiencia y le muestras que, independientemente de los desafíos, es posible superarse y salir adelante. Estas historias se convierten en testimonios reales de que la esperanza no es sólo un concepto abstracto, sino una decisión práctica que todos pueden elegir.

Liderazgo al oído

Para profundizar aún más en los contenidos de este capítulo, he grabado un audio muy potente para ti:

Capítulo 5: Esto es lo que aprendí del orador n.º 1 del mundo (y no es sobre oratoria)

Para poder acceder al audio, sólo tienes que escanear este código QR o entrar en la siguiente dirección web:

<www.influenciadeimpacto.es/audios-piramide>

6

Deja de leer y ponte en acción

6.1. Objetivos: la magia de la proyección

Ya hemos llegado (casi) al final. Ahora queda la parte más exigente: aplicarlo. Que no se quede en tu mente, sino que lo hagas tangible a través de comportamientos reales. Hablemos en este último capítulo de la acción, porque sí, una persona influyente también es una persona de acción. Y la acción tiene muchos aliados: los hábitos, el entorno, la motivación, pero el principal aliado que destaca sobre todos son los objetivos.

Establecer objetivos dará un sentido de significado y propósito a tu vida. Al ir alcanzando las metas, obtendrás una sensación de logro que te proporcionará más confianza y seguridad y ello te ayudará a mantener la fe en ti mismo. Responde a esta pregunta: «¿Qué es lo que quieres en tu vida?». Enfócate en tus deseos más profundos.

Los objetivos son esenciales para dirigir nuestro esfuerzo y nuestra energía hacia un propósito concreto. Aunque parece simple, la definición y la puesta en marcha de los objetivos puede ser altamente transformadora y, de ahí, surge su «magia». Veamos cómo crear esa magia a través de los siguientes puntos fundamentales:

- **Conecta con tu visión**. Como te he explicado en el sexto principio, lo primero que debes hacer es tener claridad absoluta sobre qué vida quieres vivir a largo plazo.
- **Incluye todas las áreas de tu vida**. No buscamos una mejora puntual en un área de nuestra vida, queremos mejorar de forma global.
- **Busca tus problemas actuales**. Si no sabes cómo comenzar, empieza por aquellas áreas de tu vida en las que sientas más dolor emocional y utiliza este dolor como motor para tu cambio.
- **Debes ser específico**. No establezcas objetivos como «quiero que me vaya mejor en el trabajo» o «quiero ganar más dinero con mi negocio», sino «quiero ascender a x puesto con x salario» o «quiero que mi negocio facture x al año con un beneficio del x por ciento».
- **Pon una fecha límite para cada objetivo**. Un objetivo sin una fecha de finalización no es un objetivo, es simplemente un sueño o un deseo.
- **Conviértelos en acciones concretas**. Para no perderte simplemente en la emoción de los objetivos, debes transformarlos en pequeñas acciones fáciles de hacer que te permitan ponerte en marcha cuanto antes.
- **Escribe por qué lo quieres**. Los objetivos están genial, pero las razones por las que los quieres conseguir están todavía mejor. Los motivos serán el combustible emocional cuando lleguen momentos complicados donde se te pase por la cabeza renunciar.
- **Te tienen que dar algo de miedo**. Los objetivos deben estar un poco por encima de tu zona de comodidad, es decir, tienen que hacerte sentir una sensación interna de vértigo; si no, no te moverás lo suficiente para conseguirlos.

- **Haz revisiones periódicas**. Dedica un tiempo semanal, mensual, trimestral y anual a sentarte y analizar qué ha ido bien, qué no y cómo puedes ajustar el rumbo.
- **Visualiza**. Recuerda el extraordinario poder que tiene la visualización. Para ello, dibuja en tu mente aquello que deseas utilizando todos los detalles sensoriales que puedas.
- **Celebra cuando los consigas**. Tendemos a pensar rápidamente en el siguiente objetivo cuando hemos alcanzado el anterior... Permítete saborear antes de haberlo logrado, ¡celébralo!

6.2. Modo borrador: la pastilla contra la parálisis

Te voy a contar un truco que precisamente he utilizado para escribir este libro y que verás que lo puedes aplicar a cualquier ámbito de tu vida. Pero antes quiero hablarte de una de las grandes pandemias de la sociedad actual: la procrastinación, el dejarlo todo para después, seguramente ya sabes de lo que te hablo.

Parece que nunca es el momento perfecto para hacer las cosas. Quiero cambiar, quiero esos objetivos que he definido, pero siempre pasa algo que hace que no termine de ponerme en marcha. Y así pasan los días, los meses... ¡y hasta los años! Y, aunque todavía sigo soñando con esa vida deseada, no estoy haciendo nada al respecto para lograrla.

Lo primero de todo es entender que procrastinar no es tener pereza. Asociamos el postergar con ser vago, pero en absoluto es así. Llevo años estudiando el cerebro humano y analizando cómo podemos ser más productivos y la respuesta va en otro sentido muy diferente. El cambio asusta, sí.

Aunque quede muy *cool* poner en nuestro perfil de LinkedIn que somos una persona que se adapta al cambio y que maneja muy bien la incertidumbre, para nada es así. Nuestro cerebro primitivo quiere que te mantengas quietecito donde estás.

Pero, claro, todos tus objetivos están fuera de tu zona de confort y, por ello, estás, precisamente, en un *disconfort* emocional. Cómodo, pero incómodo. Y el que procrastines aquello que sabes que tienes que hacer para cumplir tus objetivos tiene que ver precisamente con esto: con el miedo a enfrentarte a momentos o situaciones incómodas. Como cuando sabes que tienes que ir al gimnasio, pero lo pospones porque no quieres levantarte del sofá con lo cómodo que estás ahora. Y de repente te imaginas cambiándote, yendo hacia allí, subiendo las escaleras, empezando a moverte... y rechazas esa futura incomodidad para quedarte toda la tarde viendo la tele.

También está el miedo a no hacerlo perfecto, un miedo que te influirá, poniendo excusas en tu mente para no afrontar lo que debería ser innegociable para ti: «No es el momento», «mañana estaré más concentrado», «tengo que prepararme mejor...».

Toca recablear tu sistema nervioso para que te conviertas en un accionador. La habilidad de la influencia te va a permitir crecer en todas las áreas de tu vida, pero, obviamente, hay que actuar. Esa conversación pendiente, esa decisión difícil... ¡Ya es hora!

Y una de las técnicas más liberadoras para mí en esta dirección es lo que llamo «modo borrador». Imagina escribir un libro queriendo hacer que cada párrafo sea perfecto. Te fijas exactamente en cada palabra, cada línea, cada coma... «¿Serán las óptimas?» Si quieres hacerlo perfecto, nunca lo terminarás, pues vivir la vida es como escribir un libro: si quieres hacerlo perfecto, nunca avanzarás a la velocidad necesaria. Para escribir un libro, lo eficiente es ponerte en modo borrador, ¡simplemente avanza! Ya harás las correcciones y los ajustes necesarios más adelante.

En la vida, haz lo mismo, ¡avanza! Ya irás ajustando el camino sobre la marcha, cambiando de dirección o velocidad, pero no puedes quedarte detenido esperando el momento perfecto. Así que, ya sabes..., ¡vive en modo borrador!

6.3. Obstáculos: aquí es donde te tropezarás

No se trata sólo de la procrastinación y el perfeccionismo, no. Habrá muchos más obstáculos en el camino para convertirte en un líder influyente. Quiero advertirte de ellos, para que te prepares y no haya nada que te detenga:

- **Gestión emocional de los fracasos**. Llegarán los momentos difíciles. Les pasa a todas las personas, pero la diferencia estriba en cómo se gestionan estas situaciones. Para la mayor parte de personas, un fracaso supone un freno, una caída, algo difícil de superar. Para unas pocas, supone el empuje para volver a intentarlo, para hacerlo mejor y para evolucionar. Elige formar parte del segundo grupo.
- **Juicio de los demás**. Si nadie te critica, es que no estás haciendo nada. Es una de las reglas del éxito, es inevitable que suceda: alguien que destaca siempre será criticado por alguien. Así que te propongo que le des la vuelta: tómatelo como algo positivo. Eso sí, no te lo tomes como nada personal; asume que cuando te critican, esa persona está volcando su frustración personal en ti.
- **Distracciones y falta de claridad**. La mayor parte de las personas tiene un elevado grado de dispersión en su vida. No son capaces de mantener la firmeza en una

dirección durante el tiempo suficiente. Persiste, resiste, continúa... No tires la toalla a la primera. Sólo la resiliencia ya te va a llevar más lejos que a la mayor parte de personas: piensa a largo plazo.

- **Pérdida de la motivación**. Es muy común perder las ganas, el sentido de lo que hacemos... No te preocupes en exceso, porque es muy habitual; eso sí, ponle remedio. Para ello, reconecta con tus objetivos, vuelve a leer la razón por las que quieres conseguirlos, cambia tu fisiología y enfócate en todo aquello que puedes hacer que dependa de ti.
- **Creencias limitantes**. Los pensamientos subconscientes que nos detienen seguirán estando, es tu responsabilidad seguir investigando para identificarlos y trabajarlos. En este libro te he presentado 144 creencias limitantes concretas que te restan capacidad de influencia. Debes releerlas, trabajarlas, fulminarlas. Y habrá nuevas que irás detectando y que también debes eliminar. Éste es un proceso constante.
- **Creer que te faltan recursos**. Nunca, nunca, nunca, es una cuestión de dinero, tiempo o personas. El motivo siempre será una falta de ingenio. Es normal que en ocasiones no sepas qué hacer y te sientas perdido, pero ahí precisamente es cuando debes maximizar tu creatividad y potenciar tu pensamiento lateral. Eres más ingenioso de lo que crees.
- **Sentirte abrumado**. Mirar la imagen completa y ver todo lo que necesitas hacer puede ser intimidante. A veces, la magnitud de todas las tareas puede hacer que te sientas paralizado y no sepas por dónde comenzar. Cambia de perspectiva. Piensa en décadas, pero juega en días. ¿Por dónde puedes empezar hoy?
- **Falta de autoconfianza**. No creer en la propia capacidad para lograr algo puede ser un obstáculo significa-

tivo. Recuerda que eres mucho más capaz de lo que crees, y ésta no es la típica frase de autoayuda barata, no. Ya te lo has demostrado muchas veces a lo largo de tu vida. Conecta con todos tus logros pasados y presentes. Si lo lograste en el pasado, tienes el potencial para lograrlo y superarte en el futuro.

6.4. Tu ansiada plenitud interior

El subtítulo de este libro dice así: «24 principios reveladores para influir en los demás y dar un giro a tus ingresos, tus relaciones personales y tu plenitud interior». Y ahora vamos a cerrar con la última parte: esa deseada plenitud interior. Porque, al fin y al cabo, todo, todo lo que hacemos en nuestra vida, lo hacemos con ese objetivo: sentirnos plenos, tranquilos con nosotros mismos y con la vida.

No hay emoción más poderosa que la plenitud, la calma, la serenidad y la paz. ¿Cómo alcanzarla? No hay una fórmula mágica. Al igual que para el «éxito» sí que hay una fórmula, para la plenitud no la hay. El «éxito», sea lo que sea para ti, es una ciencia; mientras que la plenitud, ese estado interior, es un arte.

Hay métodos para que generes más ingresos. Guías paso a paso. Una ciencia que seguir. Al igual sucede con la influencia y en este libro te he desgranado la fórmula, a través de la pirámide de la influencia y sus 24 principios. Es una ciencia. Si los aplicas, uno tras otro, te convertirás en una persona altamente influyente.

Pero... ¿qué sucede con eso de sentirse pleno? Como te decía, es más un arte que una ciencia. No tiene una fórmula exacta. ¿Por qué? Porque es más subjetivo, depende de cada persona, no hay un único camino para todo el mundo. Se trata, querido lector, de que encuentres el tuyo.

Evidentemente, la influencia y la habilidad de liderar son propulsores de la plenitud. Si trabajas en tu autoliderazgo, en las relaciones uno a uno, en la gestión de grupos y en tu comunicación en público, tu plenitud interior va a estar muy cerca. Nuestro sentido de propósito está directamente vinculado con las personas y, por eso, a través de la pirámide de la influencia, te acercarás mucho a esa realización interior. Es un gran impulso para lograr vivir una vida de realización personal.

Pero llegados a este punto, ya debes saber que esa plenitud debe ser más un compromiso diario, una actitud vital, que un destino o una meta. Tienes que elegir sentirte realizado cada mañana. Contarte la historia de aprendizaje para cada fracaso. Identificar lo bonito de cada situación difícil. No rendirte. Concentrarte en el servicio a los demás. Desarrollarte a tu máximo potencial. Permitirte una emoción destructiva, dejarla ir y utilizarla como combustible para avanzar. No conformarte con lo que tienes, pero sentirte completamente agradecido en cada momento. Soñar en grande, tanto que tus sueños te parezcan imposibles hasta que los cumplas.

De eso trata la plenitud. De vivir la vida como lo que es: una experiencia única, un regalo, un presente eterno mientras dura. En el que tienes la oportunidad, en cada instante, de convertirte en tu mejor yo. De elegir crecer en cada circunstancia. De hacer de tu existencia algo memorable. Inolvidable. Único.

Y si eres de los que quiere más y más de la vida, de los que no se conforman o de los que sólo se conforman con lo mejor, pasa a la siguiente página. Tengo algo para ti. Pero, ojo, sólo si de verdad quieres vivir la vida al máximo.

Liderazgo al oído

Para profundizar aún más en los contenidos de este capítulo, he grabado un audio muy potente para ti:

Capítulo 6: 7 reglas para tomar decisiones y fulminar por fin la parálisis de tu vida

Para poder acceder al audio, sólo tienes que escanear este código QR o entrar en la siguiente dirección web:

<www.influenciadeimpacto.es/audios-piramide>

Un paso más: sólo para inconformistas

Enhorabuena por haber llegado hasta aquí. Si estás leyendo estas líneas es porque quieres más. ¡Me encanta! Yo siempre quiero más, nunca me conformo, ¡nunca! A veces, algunas personas de mi entorno me dicen: «Miguel, ¿cuándo vas a parar...?». Y yo les respondo: «¿Qué cuándo voy a parar...? ¡Nunca!».

Y espero y deseo que tú tampoco pares. Confío en que este libro te haya servido para encender esa mecha de la influencia y te conviertas en una persona que inspire a los demás y que, además, sea capaz de inspirarse a sí mismo. Tienes en tus manos un manual para consultar cuando los retos de las relaciones humanas aparezcan, que ya te lo digo yo, aparecerán.

Pero llegados a este punto, debo advertirte de algo. Te lo dije en el primer capítulo y vuelvo a traer aquí ese concepto: el mundo ha cambiado. Personal y profesionalmente, cada vez es más exigente. Mucho, mucho más exigente. Yo sé que si estás con este libro es porque no eres una persona común. Tienes objetivos por encima del resto. Y eso me encanta.

Sin embargo, no es suficiente con grandes objetivos. Necesitas conocimiento, acompañamiento, dirección. Y en el camino de la influencia, puedo y quiero seguir ayudándote. Llevo más de una década dedicándome a esto: gestionando equipos, liderando proyectos, hablando a grandes audiencias. Ya me conoces, sabes de lo que hablo.

Y quiero presentarte el programa más práctico y transformador que existe en habla hispana sobre influencia. Ya has visto que no me ando con rodeos. Que, si afirmo algo, es porque tengo la certeza de que es así. Sabes que odio la teoría y que sólo me importa generar resultados. En mí y, por supuesto, en ti.

Te quiero seguir acompañando. Ha sido un placer compartir estas líneas contigo, pero será aún más increíble vernos en clases en directo, sesiones de preguntas y respuestas, vídeos y eventos. Por eso te presento mi programa «Cómo influir en los demás: el método definitivo para convencer, liderar e inspirar a tu entorno».

Es un programa online para aquéllos que queréis desarrollaros hasta el final en el ámbito de la influencia y el liderazgo, creado con todo mi cariño, pero, sobre todo, con toda mi experiencia para que, en apenas unas semanas, te transformes por completo. Te desglosaré la pirámide de la influencia con ejercicios, acciones prácticas e información reveladora.

No encontrarás otro programa en habla hispana sobre influencia y liderazgo tan directo, tan al grano. Con un formato online, para que lo puedas hacer desde casa, y totalmente adaptado a ti, verás que, sin darte cuenta, te conviertes en una persona que inspira en cada conversación, que es admirada y respetada por todo su entorno, que sabe qué palabra utilizar en cada momento.

Y ya sabes adónde te llevará todo eso: más dinero, más y mejores relaciones, más trascendencia. También a un mayor desarrollo profesional, una mejor conexión familiar, amistades más auténticas, una mayor contribución al resto del mundo, pero, sobre todo, y lo más importante, más felicidad.

Escanea este código QR o introduce la siguiente dirección en tu navegador: <http://influenciadeimpacto.es/programa-piramide>. Te espero en la próxima edición de «Cómo influir sobre los demás».